城市轨道交通线网规划与设计

袁 江 ◎ 著

北京理工大学出版社
BEIJING INSTITUTE OF TECHNOLOGY PRESS

版权专有　侵权必究

图书在版编目（CIP）数据

城市轨道交通线网规划与设计 / 袁江著 . -- 北京：北京理工大学出版社，2019.9
　　ISBN 978-7-5682-0126-1

Ⅰ. ①城…　Ⅱ. ①袁…　Ⅲ. ①城市铁路 – 轨道交通 – 交通规划 – 研究 – 中国　Ⅳ. ① U239.5

中国版本图书馆 CIP 数据核字（2019）第 069007 号

出版发行 / 北京理工大学出版社有限责任公司	
社　　址 / 北京市海淀区中关村南大街 5 号	
邮　　编 / 100081	
电　　话 /（010）68914775（总编室）	
（010）82562903（教材售后服务热线）	
（010）68948351（其他图书服务热线）	
网　　址 / http：// www.bitpress.com.cn	
经　　销 / 全国各地新华书店	
印　　刷 / 北京信彩瑞禾印刷厂	
开　　本 / 710 毫米 × 1000 毫米　1/16	责任编辑 / 张荣君
印　　张 / 12	文案编辑 / 张荣君
字　　数 / 166 千字	责任校对 / 周瑞红
版　　次 / 2019 年 9 月第 1 版　2019 年 9 月第 1 次印刷	责任印制 / 边心超
定　　价 / 60.00 元	

图书出现印装质量问题，请拨打售后服务热线，本社负责调换

前 言

长期以来,交通问题一直是困扰世界各地城市,尤其是大中型城市的突出问题之一。世界各国都针对这一问题进行了许多尝试,但仍未能完全解决。国内外的经验表明,解决长期交通拥堵的方法为交通抑制和交通的供求平衡。而采用行政手段是解决长期交通拥堵问题的重要手段之一。通过行政手段来实现解决长期交通拥堵的前提是必须发展可以替代小汽车交通的其他方案,即大运量客运系统,特别是城市轨道交通系统。城市轨道交通作为大容量、快速、便捷的公共交通运输系统,在世界诸多城市的发展进程中起到了十分重要的作用,并获得了相关部门高度的重视。城市轨道交通的意义也不局限于成为纯粹的城市内部交通运输系统,还与城市轨道交通紧密结合的综合交通运输体系,契合轨道网络站点的用地开发,内通外达的对外集疏运系统等要素与城市轨道交通系统相结合并一起影响、改变着这些城市的功能布局和空间形态。如果说大城市的活力赋予城市轨道交通构建的需求,那么城市轨道交通的存在则是这些城市维持持续高效运转的脉络。从这个方面也可以看出,城市轨道交通是一项综合性的系统工程,需要较长时间的前期准备和建设周期,且一旦建成就很难更改。因此,线网规划是一个极为重要的问题,规划一个合理的线网方案,对于城市未来发展具有重大意义。

本书由广州地铁设计研究院股份有限公司袁江撰写。本书介绍了我国城市轨道交通线网规划与设计的相关内容,大致包括城市轨道交通系统的构成、城市轨道交通线网规划、城市轨道交通站点布局和线路设计。

另外，本书还介绍了城市轨道交通车站建筑设计、结构设计、消防安全设计和通风设计，并且对城市轨道交通换乘站规划与设计问题做了研究。最后，本书以南宁市为例，简要介绍了南宁市城市轨道交通线网规划与设计的相关问题。

由于笔者时间与精力有限，书中难免存在不足之处，敬请各位读者与同行批评指正。

目录
CONTENTS

第一章 概述 ··· 001

 第一节 我国城市轨道交通发展概况 ··· 001

 第二节 城市轨道交通的功能定位与发展方向 ··· 012

 第三节 城市轨道交通线路规划与设计存在的问题 ··· 015

第二章 城市轨道交通线网规划与设计基础 ··· 017

 第一节 城市轨道交通规划建设理念 ··· 017

 第二节 城市轨道交通规划与设计的原则 ··· 023

 第三节 城市轨道交通规划与设计的要点及难点 ··· 025

 第四节 城市轨道交通客流需求预测 ··· 028

第三章 城市轨道交通线网规划 ··· 030

 第一节 城市轨道交通线网规划背景与要点 ··· 030

 第二节 城市轨道交通线网规划的原则和内容 ··· 034

 第三节 城市轨道交通线网合理规模的确定 ··· 035

 第四节 城市轨道交通线网构架方法 ··· 038

 第五节 城市轨道交通和其他交通的衔接规划 ··· 044

第四章 城市轨道交通线路设计 ··· 055

 第一节 城市轨道交通线路设计概述 ··· 055

 第二节 城市轨道交通线路设计的主要内容 ··· 060

 第三节 城市轨道交通线路敷设方式 ··· 063

第五章　城市轨道交通站点布局 …… 067

第一节　城市轨道交通站点的分类及特征 …… 067
第二节　城市轨道交通站点设置影响因素 …… 076
第三节　城市轨道交通站点规划布局 …… 078

第六章　城市轨道交通车站设计 …… 082

第一节　城市轨道交通车站建筑设计 …… 082
第二节　城市轨道交通车站结构设计 …… 096
第三节　城市轨道交通车站消防安全设计 …… 107
第四节　城市轨道交通车站通风设计 …… 119

第七章　城市轨道交通换乘站规划与设计 …… 126

第一节　城市轨道交通换乘站规划概述 …… 126
第二节　城市轨道交通换乘站规划侧重点 …… 137
第三节　城市轨道交通换乘协调和换乘方案选择 …… 141

第八章　城市轨道交通线网规划与设计举例——以南宁市为例 …… 148

第一节　南宁市城市交通现状及规划 …… 148
第二节　南宁市城市轨道交通客流需求预测 …… 151
第三节　线路敷设方式及线路方案 …… 156
第四节　城市轨道交通换乘站规划 …… 160
第五节　城市轨道交通系统模式及运营规划 …… 163
第六节　城市轨道交通沿线环境与景观保护规划 …… 173

参考文献 …… 178

第一章
概 述

第一节 我国城市轨道交通发展概况

一、城市轨道交通的定义和类型

（一）城市轨道交通的定义

城市轨道交通是城市中使用车辆在固定导轨上运行并主要用于城市客运的交通系统。在《城市公共交通常用名词术语》中，将城市轨道交通定义为"通常以电能为动力，采取轮轨运输方式的快速大运量公共交通的总称"。从定义可以看出，城市轨道交通是指具有固定线路，铺设固定轨道，配备运输车辆和服务设施等的公共交通设施。

城市轨道交通是一个涵盖范围较大的概念，在国际上没有统一的定义。广义的城市轨道交通是指以轨道运输方式为主要技术特征，在城市公共客运交通系统中具有中等以上运量的轨道交通系统（有别于道路交通），主要为城市内（有别于城际铁路，但可涵盖郊区及城市圈范围）公共客运服务，是一种在城市公共客运交通中起骨干作用的现代化立体交通系统。

城市轨道交通是公交铁路化的产物，是通过铁路的形式表现出来的城市公共交通的一种。城市轨道交通以其载客量大、快捷、准时、安全、环保的特点而成为解决交通拥挤问题的最有效手段，是一个城市现代化的重要标志之一。自1863年以来，城市轨道交通经过长期的发展，技术已非常成熟，用途十分广泛，正逐渐成为城市交通系统的骨干。

（二）城市轨道交通的类型

城市轨道交通种类众多，技术指标差异比较大，世界各国评价标准不一。目前，城市轨道交通尚无统一的分类标准。城市轨道交通按照不同的分类方法，可以分为不同的类型：第一，按容量（运送能力）可分为高容量、大容量、中容量和小容量；第二，按导向方式可分为轮轨导向和导向轨导向；第三，按线路架设方式可分为地下、高架和地面；第四，按线路隔离程度可分为全隔离、半隔离和不隔离；第五，按轨道材料可分为钢轮钢轨系统和橡胶轮混凝土轨道梁系统；第六，按牵引方式可分为旋转式直流、交流电机牵引和直线电机牵引；第七，按运营组织方式可分为传统城市轨道交通、区域快速轨道交通和市郊（城市）铁路；第八，按运能范围、车辆类型以及主要技术特征可分为有轨电车、地下铁道、轻轨道交通、市郊铁路、单轨道交通、磁悬浮交通和线性电机车系统七类。

1. 有轨电车

有轨电车（Streetcar），是使用电车牵引、轻轨导向，1~3辆编组运行在城市路面线路上的低运量轨道交通系统，如图1-1所示。有轨电车是最早的城市轨道交通之一，一般设在城市中心运行，具有上下车方便的特点。

图1-1 有轨电车

有轨电车起源于城市公共马车，为了提高载客量，人们把马车放在铁轨上。随着电动机的发明和牵引电力网的出现，世界上第一条商用有轨电车线于1888年5月在美国弗吉尼亚州里士满市开通。20世纪20年代，美国的有轨电车总运行里程达2.5×10^4 km。20世纪30年代，欧洲、日本、印度和中国的有轨电车得到了很大发展。1906年，我国第一条有轨电车线在天津北大关至老龙头火车站（今天津站）建成通车，随后上海、北京、抚顺、大连、长春、鞍山等城市相继修建了有轨电车或电铁客车，在当时的城市公共交通中发挥了重要作用。

2. 地下铁道

地下铁道（Subway，简称地铁）是由电气牵引、轮轨导向、车辆编组运行在全封闭的地下隧道内，或根据城市具体条件，运行在地面或高架线路上的大运量快速轨道交通系统，如图1-2所示。

图1-2 地铁

通常根据城市环境条件，地铁列车主要在城市地下空间修筑的隧道中运行，当条件允许时，也可以穿出地面，在地面或者高架桥上铺轨运行。为了降低建设成本，目前，地铁系统中地面和高架线路所占的比重正在逐渐增大。

3. 轻轨道交通

轻轨道交通是一种使用电力牵引，介于标准有轨电车和快运交通系统（包括地铁和城市铁路）的用于城市乘客运输的轨道交通系统。

轻轨道交通是从新式有轨电车逐步发展为路权专用、自动化程度较高以及车辆在地下或高架轨道上运行的城市轨道交通形式。轻轨道交通还是一种技术标准涵盖范围比较宽的城市轨道交通形式，低技术标准的轻轨道交通接近于现代有轨电车，而高技术标准的轻轨道交通则接近于轻型地铁。

4. 市郊铁路

市郊铁路是指在城市内部或内外结合部的铁路，线路设施与干线铁路基本相同，服务对象以城市公共交通客流，即短途、通勤乘客为主。

城市铁路通常分为城市快速铁路和市郊铁路两种。城市快速铁路是指运营在城市中心，包括近郊城市化地区的轨道系统，其线路采用电气化，与地面交通大多采用立体交叉；市郊铁路是指建在城市郊区，将市区与郊区尤其是与远郊联系起来的铁路。市郊铁路一般和干线铁路设有联络线，线路大多建在地面，部分建在地下或高架，其运行特点接近于干线铁路，只是服务对象不同。

市郊铁路是城市铁路的主要形式，市郊铁路是伴随着城市规模的扩大、卫星城的建设而发展起来的，车辆编组多为 4~10 辆，速度可达 100~120 km/h。市郊铁路运能与地铁相同，但由于站距比地铁长，所以运行速度超过地铁，可达 80 km/h 以上。我国的大城市，一般均为干线铁路的枢纽。由于市郊铁路尚没有形成方便快捷的市郊联络走廊，而且我国的铁路与城市公共交通分属不同的部门，条块分隔，统一协调困难，因此市郊铁路的发展较为缓慢。随着城市化进程的加速，城市圈、城市群的出现，我国在建设现代化的同时，更应注重城市内部和城际往来的交通，不再拘泥于城市的界限，积极向城市交通领域进军，大力发展城市轨道交通，尤其是市郊铁路。

5. 单轨道交通

单轨道交通是指通过单一轨道梁支撑车厢并提供导引作用而运行的轨道交通系统，如图 1-3 所示，其最大特点是车体宽度大于承载轨道宽度。根据支撑方式的不同，单轨一般包括跨座式和悬挂式两种类型。由于单轨系统的单方向小时运量为 5 000~20 000 人次，因此单轨常常被认为是轻轨系统的一种。但实际上，单轨车辆的轮轨支撑形式和走行方式与轻轨列车有很大的不同。从严格意义上来讲,单轨系统应该独立列为一种城市轨道交通形式。由于单轨系统大多数情况下采用高架方式,所以其景观性较好。根据实际需要,单轨列车也可在地面或地下运行。

图 1-3　单轨道交通

6. 磁悬浮交通

磁悬浮列车是一种陆上无接触式有轨交通工具,时速可达到 500 km,如图 1-4 所示。它利用常导或超导电磁铁与感应磁场之间产生相互吸引或排斥的力,使列车"悬浮"在轨道上面或下面,做无摩擦的运行,从而克服了传统列车车轨黏着限制、机械噪声和磨损等问题,并且具有启动、停车快和爬坡能力强等优点。经过数十年的发展,磁悬浮技术形成了分别以德国和日本为代表的两大研究方向——EMS(常导磁吸型)系统和 EDS(排斥式悬浮)系统。德国的 EMS 系统,是利用常规的电磁铁与一般铁性物质相吸引的基本原理,将列车吸附到轨道上来悬浮运行。日本的 EDS 系统,则是利用超导的磁悬浮原理,使车轮和钢轨之间产生排斥力,使列车悬空运行。目前,两种系统都达到了 500 km/h,由此可以看出两种方案均切实可行,难分高低。

磁浮交通系统是 20 世纪一项伟大的技术发明,相比其他形式的轨道交通,它投入实际使用的历史并不长。目前,世界上许多国家都在对磁浮技术进行积极研究,其中主要以德国和日本的技术最为成熟。

磁悬浮列车从北京运行到上海,理论时间不超过 4 h;从杭州至上海理论时间只需 23 min。在时速达 200 km 时,乘客几乎听不到列车运行的声响。磁悬浮列车采用电力驱动,其发展不受能源结构,特别是燃油供应的限制,不排放有害气体。由于磁悬浮线路的造价为普通路轨的85%,并且磁悬浮列车的路轨寿命可达 80 年,磁悬浮列车车辆的寿命可达 35 年,而且磁悬浮列车的年运行维修费仅为总投资的 1.2%,因此,磁悬浮列车将会在未来城市轨道交通中发挥重要作用。

图 1-4 磁悬浮列车

7. 线性电机车系统

线性电机车系统（Linear Motor Car System）是由线性电机牵引,轮轨导向,车辆编组运行在小断面隧道、地面和高架专用线路上的中运量轨道交通系统。

将线性电机牵引的轨道交通系统列为独立的系统,是因为该系统与地下铁道、城市铁路、轻轨等其他轨道系统存在明显的区别。它利用线性电机在磁场相互作用下,直接产生牵引力,属于非黏着驱动,车轮只起到支承和导向作用。目前,投入运营的线性电机车系统主要集中在加拿大、日本和美国等国家。

二、我国城市轨道交通发展概况

（一）我国城市轨道交通运营规模

截至 2016 年 6 月,我国（港、澳、台除外）共有 27 个城市开通运营城市轨道交通,营运里程总计 3 288 km,线路超过 100 条,车站 2 083 座（换乘站不重复计算,不完全统计）。27 个城市轨道交通运营里程、运营线路、车站、首条线路开通时间的统计见表 1-1。

表 1-1　2016 年我国 27 个城市的轨道交通运营情况

序号	城市	营运里程/km	线路/条	车站/个	建成区人口/万人	首条线路开通时间
1	上海	617	15	366	2 342	1995 年
2	北京	554	20	334	2 101	1969 年
3	广州	251	10	164	2 060	1997 年
4	深圳	230	6	149	1 208	2004 年
5	南京	225	6	121	616	2005 年
6	重庆	202	5	119	722	2004 年
7	大连	144	4	74	418	2002 年
8	天津	140	4	87	1 092	1976 年
9	武汉	125	4	102	751	2004 年
10	成都	88	3	70	1 038	2010 年
11	杭州	82	3	52	728	2012 年
12	宁波	75	2	51	375	2014 年
13	长沙	69	1	19	366	2014 年
14	昆明	60	3	35	365	2012 年
15	苏州	59	2	45	525	2012 年
16	无锡	56	2	46	360	2014 年
17	沈阳	55	2	43	608	2010 年
18	西安	51	2	40	598	2011 年
19	长春	48	2	49	337	2002 年
20	东莞	38	1	15	844	2016 年
21	南昌	29	1	24	264	2015 年
22	郑州	26	1	20	494	2013 年
23	哈尔滨	17	1	18	482	2013 年
24	佛山	15	1	11	—	2010 年年
25	南宁	11	1	10	259	2016
26	青岛	11	1	10	582	2015 年
27	福州	10	1	9	396	2016 年
合计	—	3 288	104	2 083	19 931	—

注：1. 本表统计数据截至 2016 年 6 月；
2. 表中营运里程中均不含市域快轨、现代有轨电车；
3. 广州不计广佛线佛山段的 15 km、佛山不计广佛线广州段的 12 km；
4. 不统计由国铁运营的轨道交通；
5. 城际铁路未计入轨道交通范畴；
6. 各大城市建成区人口数据来自 Demographia，广州人口数据包括佛山在内，因此佛山数据为空。

由表 1-1 可知：运营里程为 500 km 以上的城市有 2 个，即特大型、建成区人口超过 2 000 万人的北京和上海。运营里程为 200～500 km 的城市有 4 个，分别为广州、深圳、南京、重庆。运营里程为 100～200 km 的城市有 3 个，分别为大连、天津、武汉。

上述 27 个城市均为我国人口高度密集地区，建成区人口数均在 200 万人以上。

其中，6 个城市的轨道交通线路数超过 5 条，北京、上海、广州分别达到 20 条、15 条、10 条，这些城市已经形成了网络化的运营格局。

除表 1-1 中的 27 个城市外，另有 14 个城市的轨道交通（主要是地铁）均在 2012 年之后开工建设，2017—2022 年将陆续开通运营。值得注意的是，徐州、南通、芜湖的建成区人口低于 200 万人。

（二）我国城市轨道交通建设目标

目前，根据城市轨道交通协会统计，全国 44 座城市已经获批城市轨道交通建设投资总额为 24 287 亿元，规划总里程达到 4 705 km。"十三五"之后，我国城市轨道交通建设总里程有望达到 5 000 km，城市轨道交通里程有望达到 8 600 km。"十三五"期间已获批城市轨道交通投资项目见表 1-2。

表 1-2 "十三五"期间已获批城市轨道交通投资项目汇总

城市	规划长度 /km	车站 / 座	批复总投资额 / 亿元
北京	417	97	2 928.16
上海	251	157	2 049.55
深圳	232	151	1 733.67
重庆	203	109	827.03
青岛	291	132	1 173.82
杭州	250	108	920.91
成都	212	162	1 321.85
苏州	152	122	1 059.93
东莞	165	36	507.89
合肥	170	145	620.01
其他	2 362	1 479	11 144
合计	4 705	2 698	24 286.82

(三) 我国城市轨道交通发展过程中存在的问题

1. 建设力度过大

我国在"十二五"期间，城市轨道交通建设力度大大加强。近年来，国内主要的一线城市年均轨道建设量为东京、莫斯科等国外城市的十几倍。这虽然反映了我国交通事业与经济的发展保持着良好势头，但是这种快速发展却造成了一系列的后续问题。由于我国城市轨道交通建设与申报都较为集中，建设速度越来越快，导致建设力度过大，建设规模扩展愈加快速，使人员、资金得不到相应的补充，并且由于设备与运营储备量都较为不足，所以增加了城市轨道交通建设的施工难度。

2. 工作规范化不全面

虽然国内大多数城市在交通建设工作上不断改善修整，在公交路线、地铁等主要交通路线的规划上做出了相应的调整，但是在城市交通建设工作的整体规划、土地资源的有效利用规划和交通服务规划上略显不足。而有的地区在城市交通建设上不考虑实际情况，盲目扩大建设范围，规划时间长，缺乏规划基础数据的支持。还有部分城市空间布局不严谨，为使城市发展向外开展，或是为了使交通路线周边的土地增加利用价值，而盲目规划了大量交通引导型路线。甚至有的地区轨道交通建设为扩大建设规模，大量建设交通轨道，导致建成之后客流量远远小于预测的客流量，浪费了资金与建设时间，对城市发展没有起到引导作用，从而影响区域发展。

3. 城市轨道交通发展与土地利用不科学

城市轨道交通与土地利用是一种互动的单向循环系统，城市轨道交通对此表现得更为淋漓尽致。城市轨道交通建设直接促进沿线土地的高密度性开发，而城市轨道交通的运输能力和站点分布特点，又会直接影响土地开发的广度与深度。有些地铁线路为了降低建设成本，盲目选择城市原有的国铁线路，但这种环境下其周边用地一般都为各种工厂，并没有足够的客流量，从而导致资源浪费程度进一步扩大。

4. 轨道交通投资方面的不足

城市轨道交通建设的资金一般来自政府，这就使得工作进展受到地方财政的掣肘，工作压力较大。目前，我国大部分城市轨道交通建设的资金来源基本都是依靠土地出让金与基于政府信誉的融资平台贷款，使得建设工作有较大的债务风险。城市轨道交通路线工作实施时，需要对已规划路线的土地进行开发，此过程中的收益、规划、开发等方面没有具体的规划管理模式，并且由于特许经营制度属于行政机构管理，所以不受法律保护。

（四）我国城市轨道交通的发展趋势

《国家中长期科学和技术发展规划纲要（2006—2020年）》（简称《纲要》）中提出："以提供顺畅、便捷的人性化交通运输服务为核心，加强统筹规划，发展交通系统信息化和智能化技术、安全高速的交通运输技术，提高运输能力和运输效率，实现交通信息共享和各种交通方式的有效衔接，提升交通运营管理的技术水平，发展综合交通运输。"《纲要》指导未来我国的城市轨道交通向智能化、集成化、网络化、多元化、标准化、可持续化发展。

1. 智能化

城市轨道交通的职能化趋势在广佛地铁上体现较为明显。广佛地铁是国内首条城际地铁线路，也是广州亚运会的重要配套线路。其车站机电安装包括综合布线系统、通风空调、给排水消防设施、职能建筑系统、屏蔽门、电梯等。地铁采用全新的智能化综合消防安全系统，其中包括防排烟、水消防、安全向导、防灾通信、防灾报警、综合监控等多个系统。

一般来说，地铁的综合布线系统应归属于通信传输系统。综合布线作为传输信息通道是职能建筑的核心基础设施，因此，传输系统是通信传输系统中最重要的子系统，其功能是为通信传输系统的各子系统和其他机电系统提供控制中心至车站（车辆段/停车场）、车站至车站（车辆段/停车场）的信息传送平台，其重要性和安全可靠性要求较高。

地铁安防系统主要由视频监控、门禁以及报警三大部分组成。其中，视频监控具体包括行车监控（车辆进/出站、站台等）、营运环境监控（机电设备、供配电房、售票厅/柜等处）、公安治安监控（站内、外公共部位）、管理监控(内部监控)等。另外,随着监控列车运行状况的轨道监控系统、车载监控系统中诸多技术难题的解决,视频监控也在逐渐得到实际应用。

2. 集成化

城市轨道交通的集成化趋势主要体现在集成化管理城市快速轨道交通系统上。城市轨道交通集成化管理是集多工种、多专业于一身的复杂系统,只有采用快速轨道交通系统作为公共交通的骨干网络,才能有效、合理解决城市交通问题。

从单一的线路布置,到采用先进技术组成的复杂而通畅的轨道交通网络,为城市交通建设引入了立体布局的概念,给城市的可持续发展提供了条件。城市轨道交通提供了资源集约利用、环保舒适、安全快捷的大容量运输服务方式,它与其他城市交通工具互不干扰,具有强大的运输能力、较高的服务水平、显著的资源环境效益,是解决特大型城市交通问题和可持续发展的根本出路。城市轨道交通工程管理的特点是必须考虑全寿命周期集成化管理,应该面向项目涉及的各种管理单元(要素),包括项目资源、组织、技术等,按照一定的集成模式进行整合,考虑项目的全过程、全方位、全系统管理,提高项目的整体功能和管理效应。

3. 网络化

城市轨道交通的网络化趋势主要体现在轨道交通网络化运营管理模式上。例如,北京轨道交通提出了基于乘客旅行信息的"两阶段、双比例"清分方法模型,以乘客旅行时间最短作为决定出行路径的关键因素,通过各运营商承担的运营里程确定清分比例,从而实现 4 h 内对一千万人次出行数据的清算处理。在工程设计阶段,通过多次设计联络会议,以轨道交通运营业务需求为主导,充分考虑系统的兼容性、可扩展性、资源共享性,统一与创建北京轨道交通网络化运营管理模式相关技术标准、业务规则、服务规范,使不同制式和技术水平的专业系统得到充分衔接和整合,提高运营管理的规范性和网络系统整体运行效率。

目前,我国轨道交通网络化建设的研究和实践正处于深入发展阶段,北京轨道交通网络化运营管理的模式创新与实践,将推动我国轨道交通

等领域加快实现"四个转变",即:
(1)运营管理体系由单线运营管理向网络化运营管理转变。
(2)建设模式由传统分散建设向集约化、系统化建设转变。
(3)监管方式由粗放型向数字化、精细化管理转变。
(4)数据管理由信息孤岛向集中共享转变。

这种转变对加快基础设施"政府科学监管、适度竞争机制、投融资方式多元化"格局的形成,为实现轨道交通路网"安全、高效、均衡"运输提供了组织保障,并奠定了技术基础。

第二节　城市轨道交通的功能定位与发展方向

一、城市轨道交通功能层次划分

(一)城市轨道交通层次划分标准选择

《城市公共交通分类标准》(CJJ/T 114—2007)规定,将城市轨道交通划分为地铁系统、轻轨系统、单轨系统、有轨电车、磁悬浮系统、自动导向轨道系统和市域快速轨道系统等。这种分类方式综合考虑了城市轨道交通的轨道形式、牵引力类型以及速度等多项建设标准,有利于指导城市轨道交通建设。

城市轨道交通线网规划的目标是规划城市轨道交通走廊以及站点分布,确定城市轨道交通线路的走向、站位,而城市轨道交通线路的走向、站位是由城市轨道交通的服务水平决定的。虽然《城市公共交通分类标准》(CJJ/T 114—2007)中的城市轨道交通分类标准较多,但并未完全按照服务水平进行分类,因此,对城市轨道交通线网规划的指导性并不强。一般来说,决定城市轨道交通服务水平的主要指标有运量等级、速度、站间距等。

综合考虑《城市公共交通分类标准》(CJJ/T 114-2007)选取的城市轨道交通分类标准指标和城市轨道交通服务水平指标,建议选取速度作为划分城市轨道交通功能层次的主要指标。城市轨道交通的速度又可以分为最高运行速度和旅行速度,最高运行速度往往与车辆选择有关,而旅行速度主要与站间距和最高运行速度有关,是乘客最终感受的服务指标。因此,本书选择旅行速度作为城市轨道交通功能层次划分的主要指标。

(二)城市轨道交通功能层次划分依据

按照城市轨道交通的旅行速度,可以将城市轨道交通划分为快线和普速线两个层次。快线对应于城市轨道交通分类标准中的市域快速轨道系统,其旅行速度比较高;普速线对应于城市轨道交通分类标准中提出的地铁系统、轻轨系统、单轨系统、有轨电车以及自动导向轨道系统等,其旅行速度比快线低。

二、城市轨道交通功能定位

综合考虑我国快线的实际运营特征和城市轨道交通车辆节能运营管理经验,建议快线的最高速度不低于 100 km/h,合理站间距应为 2~5 km 以下;普速线的最高速度应为 100 km/h 以下,合理站间距为 1~3 km,线路长度一般不超过 35 km。城市轨道交通功能定位与运营指标见表 1-3。

表 1-3 城市轨道交通功能定位与运营指标

分类运营指标	旅行速度/(km·h^{-1})	车辆最高速度(km·h^{-1})	平均站间距/km
快线	≥ 50	≥ 100	2 ~ 5
普线	35 ~ 50	80 ~ 100	1 ~ 3

快线与普线的功能区别主要体现在服务范围、服务对象以及客流规模和车辆舒适程度等几个方面,具体见表 1-4。

表 1-4 城市轨道交通快线与普线功能对比

分类对比方面	服务范围	服务对象	客流规模	车辆舒适度
快线	较大,通常为市区或市域范围	长距离出行者	较低,通常为中运量系统	较好,乘客座椅较多,站立面积较小
普线	较小,通常为市区或中心城区范围	中长距离出行者	较高,通常为高、大、中运量系统	一般,乘客座椅较少,站立面积较大

三、轨道交通的发展方向

（一）国家政策明朗化

目前，轨道交通在综合交通系统中发挥的作用越来越大，如伦敦、东京等国际化城市的公共交通系统就是围绕城市轨道交通来组织的。我国"十三五"规划提出，优先发展公共交通，完善城市路网结构和公共交通场站，有条件的大城市和城市群地区要把轨道交通作为优先领域，超前规划，适时建设。国家政策导向使城市轨道交通建设发展前景良好，并逐步由直辖市、省会城市的建设向二线城市转移。

（二）建设模式选择多样化

现阶段，城市轨道交通的类型日趋多样化，除地铁外，许多城市开始将目光转移到建设成本更低的轻轨交通上。目前，正在建设的和即将建设的城市轨道交通项目中，除省会城市，如成都、杭州、沈阳等，许多非省会城市如苏州、东莞、宁波、厦门、无锡等经济水平发达且在区域经济中占有重要地位的城市也加入了此行列。由此可以预测，未来的几十年将是我国城市轨道建设的繁荣时期，我国的城市轨道通车里程将有一个飞跃性的提高。

（三）技术优化

随着城市轨道系统的技术不断进步，一方面，适应了地区多样化需求，提高了轨道交通的适用性、运行效率和服务水平；另一方面，技术进步也使得城市轨道交通的建设成本有所降低，城市对轨道类型的选择余地也越来越大。

（四）投资多元化，经营市场化

在城市轨道交通发展之初，其投资主体比较单一，有的由私人主体来投资，有的由政府财政直接投资。随着轨道交通规模的扩大，为了解决资金问题和提高轨道交通的运营效率，很多城市轨道交通都由政府和社会资本共同投资。除此之外，经营方式有的采取完全的国有垄断经营模式，有的采取市场化经营模式。目前，许多城市充分发挥市场作用以提高轨道交通的运行效率，在轨道交通运营上引入市场机制已成为一种发展趋势。

（五）管理法制化

由于社会、政治和经济条件的限制，规范轨道交通的法制化管理起初并不够完善。现在，很多城市轨道交通实行全面法制化管理以规范各方行为和维护各方利益，以法制化的管理来保障轨道交通持续、稳定和高效的运行。轨道交通的全面法制化管理将是世界轨道交通发展的重要方向。

第三节　城市轨道交通线路规划与设计存在的问题

一、规划不稳定

我国于2008年实施的《中华人民共和国城乡规划法》，促进了我国城市的快速、合理发展。但是由于城市轨道交通规划起步较晚，受我国国情和政策法规的影响，城市轨道交通规划不协调，在各种经济体制的作用下，很多城市轨道交通规划经常存在控制力不足、规划方案频繁变动等问题，建设成本居高不下。

二、对城市轨道交通与城市发展协调互动不够

城市轨道交通是一种与城市发展十分密切的交通方式，能够引导和支持城市发展，优化结构布局，其规划属于城市规划的专项计划。由于城市轨道交通具有运输量大、不可逆和修建期长等特征，其规划理念和方法与传统道路系统规划存在本质的区别。但是，现有的大部分规划成果却往往偏重于交通属性，而对其与城市其他要素的关系考虑不够，还没有准确把握其与城市整体发展的互动作用，造成城市轨道交通与城市空间结构、城市发展方向等方面出现不协调。因此，城市轨道交通发展目标与城市总体发展目标出现偏离的现象时有发生。

三、城市规划理论方法和体系认识不充分

城市轨道交通规划涉及多个方面的内容,不仅要制定交通方法和评价标准,还要在网络规划、制式选择以及土地规划等方面进行控制。除此之外,还要对自身系统的车辆协调、枢纽进行通盘考虑,实现城市与企业系统的协调发展。由于对规划理论体系认识不充分,因此规划方案不能给城市轨道交通提供服务,从而影响了规划方案的科学性和可操作性。

四、客流预测结果和实际运营客流量具有较大差异

客流预测是影响城市轨道交通规划和建设的主要指标。客流预测结果和实际客流不符,可能导致人们对城市交通规划不认可。从我国轨道交通发展过程来看,我国最早采用客流转移法预测客流量,现在转变为"四阶段法"预测客流量。但是由于对"四阶段法"理解不同,所以形成的出行、方式划分模型也会产生很大差异,同时与我国城市发展和交通出行特征也具有很大差异,从而影响了城市轨道交通规划的发展。

第二章
城市轨道交通线网规划与设计基础

第一节　城市轨道交通规划建设理念

一、城市轨道交通规划理念应适度超前

线网规划是指导城市轨道交通长期可持续发展的总体性方案，是根据城市总体发展要求，统筹人口分布、交通需求等情况而编制的。另外，该规划也是编制近期建设规划的基础依据，因此，线网规划应具有前瞻性、系统性和严肃性。然而近年来，很多城市轨道交通建设规划频繁调整，这在一定程度上反映了线网规划超前考虑不足。据统计，2013年在已批复城市轨道交通建设规划的36个城市中，5年内建设规划调整或修编2次以上的城市就有9个，甚至有的城市建设规划刚刚进入审批程序就对建设规模或方案进行调整。其结果是一方面可能造成既有部分线路或换乘枢纽运能矛盾凸显，甚至影响运营安全，另一方面会造成新线建设主要换乘节点、资源共享和用地控制等难以落实或投资效率低。

究其原因，主要在于我国正处于加速城市化过程中，规划时设计者对城市人口规模预计不足。以上海为例，现有城市轨道交通网络长度的人口规模前提是按照2020年城市总人口1 600万人规划的，但至2010年年底，上海常住人口已超过2 300万人。根据麦肯锡全球研究院的研究报告显示，到2025年我国将有221个超过百万人口的城市，超过

500万人口的城市将达到23个，超过2 500万人口的城市将达到15个。由此可见，我国早期编制的城市总体规划中的人口规模可能都存在预计不足的问题，这必然会带来轨道交通等城市基础设施专项规划的规划总量不足，造成既有运营线路运能紧张，甚至超过远期客流预测规模。例如，上海轨道交通6号线于2007年投入运营，预测远期高峰每小时客流为2.1万人，但目前高峰每小时客流就已达2.6万人。

与国际同类规模城市的轨道交通线网规模相比，我国轨道交通规划线网总量明显偏小。以上海为例，上海中心城线网密度和站点密度分别为0.88 km/km²和0.63座/平方千米，而东京相应指标均大于1。另外，纽约、巴黎、伦敦在中心城的线网密度分别为1.38 km/km²、2.02 km/km²和1.31 km/km²。鉴于城市化进程的不断推进所带来的人口规模的不确定性，为利于城市的可持续发展，充分体现公交优先政策，在中心城范围内可以考虑以轨道交通的服务水平（线网覆盖率）和线网密度作为各阶段线网规模控制的主要衡量因素。

二、城市轨道交通建设主要理念

（一）规划选址

首先，针对功能需求方面而言，功能需求是城市轨道交通建设的核心与根本，其目的在于满足乘客的出行需求。在已有客运走廊的基础上，建设城市轨道交通，从而达到解决沿线交通需求的目的，改善周边交通状况，进而缓解交通压力。

其次，针对发展需求方面而言，即"TOD"（Transit Oriented Development）理念，换言之，即以交通为基础，达到引导土地利用和推动城市发展的目的。在此背景下，在建设城市轨道交通的过程中，有效拉动土地开发，实现沿线土地利用，进而较好地落实规划，促进城市的可持续发展。

最后，针对效益需求方面而言，在建设城市轨道交通的过程中，合理调整资源配置，使各种资源得到综合利用与开发，实现效益最大化，为城市可持续发展打下坚实的基础，如物业开发、配套设施建设等。

（二）资源共享

首先，针对超前需求方面而言，控制工程成本、实现资金投入合理化是城市轨道交通建设所追求的目标。以可能拓展的方面为基准，合理规划与设计，预留相应的接口和空间，为后续发展打下基础，达到资源共享的目的，为城市轨道交通网络化发展提供内在动力。

其次，针对集成需求方面而言，在城市轨道交通车站的基础上，系统集成各种空间、功能等，达到发挥其效能与作用的目的。如建设公交枢纽等。

最后，针对绿色环保需求方面而言，环保、节能是城市可持续发展的重要体现，与城市景观相映衬。在国家的号召下，相关部门逐渐重视该方面的需求，从而对城市轨道交通提出更高的要求。

（三）设计体现

首先，针对人体需求方面而言，必须将"以人为本"作为基本理念，以乘客需求为出发点，提高乘客的舒适度。

其次，针对规范化需求方面而言，以标准化、规模化为参考，合理开展设计、建设以及运营管理等方面的工作，达到建设环节规范化要求，体现工程建设的系统化、标准化，促进城市轨道交通建设的发展。

最后，针对科技需求方面而言，在城市轨道交通建设过程中，必须革新技术、工艺、材料，以科技提高城市轨道交通建设效率，展示"以人为本"理念，为乘客提供方便、快捷、环保的现代交通，顺应时代发展需求。

三、城市轨道交通规划建设中的环保理念

（一）城市轨道交通规划建设中的相关环保规定

轨道交通工程建设与运营应贯彻国家环境保护法律法规，执行国家与行业环境保护政策和技术规范，符合城市环境功能区划和相关环境保护标准的要求，从而达到地方或国家污染物排放标准。

轨道交通工程应优先选用低噪声车辆和设备，列车及设备运行噪声

应符合现行《声环境质量标准》(GB 3096—2008)限值要求，列车运行振动应符合《城市区域环境振动标准》(GB 10070—1988)限值要求。

轨道交通车站站台列车进、出站噪声应符合《城市轨道交通车站站台声学要求和测量方法》(GB 14227—2006)的规定。

车辆段及停车场的厂界噪声应符合《工业企业厂界环境噪声排放标准》(GB 12348-2008)限值要求。

轨道交通列车运行及 110 kV 变电站工频电场、工频磁场等电磁环境应符合《环境影响评价技术导则 输变电工程》(HJ 24—2014)等相关规定。

(二)城市轨道交通规划建设中各个阶段的环保理念

1. 规划期的环境保护理念

轨道交通工程规划应符合城市总体规划、城市土地利用规划、城市综合交通规划、城市轨道交通建设规划、城市环境保护规划以及历史文化保护规划，并合理规划线路走向、线位布局、敷设方式和线路埋深。

轨道交通工程应在可研阶段开展环评工作，轨道交通线网规划环评、建设网规划环评、项目环评以及各级环保部门的批复意见是轨道交通后续设计和验收的重要依据。轨道交通工程线路、车站、场段的选线选址应避开饮用水源保护区、生态功能保护区、自然保护区、风景名胜区、基本农田保护区以及文物保护建筑等需要特殊保护的地区，尽量避绕人口密集区、文教区、医院以及敬老院等敏感的社会热点区域。

对已建成的轨道交通线路两侧进行城市规划时，其噪声、振动、电磁环境保护范围内不宜规划建设居住、文教、医疗等环境敏感建筑。若必须规划上述敏感建筑时，应由建设单位按照国家规定间隔一定距离，并采取减轻、避免影响的措施。

2. 工程设计中的环境保护理念

轨道交通工程环境保护措施包括噪声与振动控制、电磁防护、污水处理、生态保护等工程治理措施，以减振降噪、污水处理措施为主。

轨道交通工程环境保护设施应按照近期设计年限实施，为远期预留。环境保护措施应与主体工程同时设计、同时施工、同时投入使用，并应符合环境保护设施竣工验收的要求。

（1）噪声治理。

①噪声治理方案。常见的噪声治理方案有选择低噪声车辆、风机、冷却塔等；定期修整车轮踏面、保持钢轨表面光滑；设置声屏障、隔声通风窗等措施；设置绿化林带；敏感点拆迁或功能置换；冷却塔采用隔声罩或者导向消声器等。

对于地下线路一般主要对风亭、冷却塔进行治理，风亭、冷却塔应距离敏感点 15 m 以上；对高架、地面线路、停车场、车辆段，一般从车辆选型、线路条件、轨道及扣件类型、运营管理、沿线规划、设置声屏障、隔声窗、绿化林带等方面考虑。因为高架线对两侧噪声影响比较大，所以其噪声治理显得尤为突出，最常用也是最有效的治理措施为设置声屏障。

②声屏障设计。对于既有声环境保护目标，应根据运营近期的噪声预测结果设计声屏障；对于规划的声环境保护目标，应根据其噪声预测结果预留声屏障的安装条件。

声屏障设计目标值、声屏障的设计范围、声屏障的两端延伸量、声屏障设计高度、声屏障的设计形式、声学构件的隔声性能设计和吸声性能设计需满足相关标准或规范要求。

（2）轨道减振措施。对地下段，目前较为有效的减振措施为轨道减振设计。轨道减振措施应根据运营初期列车运行振动的预测结果进行设计，并与轨道工程同步实施。

轨道减振措施的效果应达到设计目标值的要求，从而使振动环境保护目标达到本工程环境影响报告书确认的环境标准，包括城市区域环境振动限值标准、室内结构噪声标准以及文物建筑的振动限值的相关规定。

当线路下穿敏感建筑时，对于敏感建筑下方或隧道外轨中心线距两侧敏感建筑 10 m 以内的地段，宜采取特殊减振措施。隧道外轨中心线距两侧敏感建筑物 10～20 m 的地段，宜采取较高减振措施。

轨道减振结构设计应符合相关技术规范的要求和规定，综合考虑线路、桥梁与轨道的技术条件，兼顾减振性能和安全性、稳定性、耐候性等方面的要求。轨道交通常见的减振措施有钢弹簧浮置板道床、橡胶浮置板道床、橡胶隔振垫、弹性短轨枕道床、轨道减振器道床等类型，减振效果从 5 ~ 30 dB 不等。

（3）大气。因为轨道交通采用电力动车组，所以没有机车废气排放，而车辆段或停车场机车废气排放量很少，轨道交通工程仅有地下车站风亭的排气异味会对周围居民生活环境产生一定的影响。因此，工程设计中结合噪声防治措施，将风亭设置在敏感点 15 m 以外区域，并将风亭排风口朝向道路一侧，进风口背朝道路一侧，同时采用经济实用、简单易行的绿化工程措施，在风亭四周或道路与风亭之间种植密集型绿化林带，屏蔽侵入的汽车尾气，改善风亭的进风质量，减少汽车尾气对地下车站内环境空气质量的影响。

（4）水污染防治措施设计。施工期主要是车站或区间明挖施工对地下水降水的影响，从而对地下水补给、径流、排泄以及流场产生影响，施工引起地面沉降与不良环境水文地质问题的影响、对地下水水质的影响等；施工排放废水对地表水的影响。施工期需要做好组织设计，对施工废水进行检测，达标后回用或排放。

为防止对地下水位产生影响，施工期间一般坚持以"止"为主的地下水处理原则。采用钻孔灌注桩加止水帷幕、地下连续墙或人工挖孔桩土钉墙等方法，在基坑周围形成止水帷幕，将地下水止于基坑之外，从而减少对地下水的大量抽排。

对于运营期生产、生活污水，需进行污水处理并检测满足相应标准后进入市政管网或者地表水体。

（5）电磁。电磁主要是地面线、高架线以及车辆段停车场附近对沿线使用无线收看的电视产生的不利影响，主变电所对附近工频电磁场的影响。

轨道交通一般位于市区或市郊，沿线基本具备闭路电视设施，对沿线较近的使用电视天线收看的用户，可以采取有线电视入网的方式予以解决。

轨道交通工程电磁防治措施的设计应根据环境影响报告书和环境保

护主管部门的批复意见，落实电磁防治措施。地面设置的 110 kV 变电站与敏感建筑物的间距宜在 30 m 以上，一般应不低于 15 m。一般采用室内型变电站，也可采用地下式。

第二节 城市轨道交通规划与设计的原则

一、统筹安排原则

轨道交通是城市交通系统的重要组成部分，因此，轨道交通的设计与发展必须结合整个城市的交通情况和发展水平，对轨道交通在城市中的发展前景及可能带来的收益进行客观分析，尽可能使投资收益最大化。发展轨道交通能够减少土地资源的消耗，实现土地集约化利用，减少城市交通系统的能源消耗和服务成本，同时减少车辆污染气体的排放，对于改善城市生态环境有着重要意义。与此同时，轨道交通建设需要大量的资金投入，因而投入建设之前必须对其衍生效益与投入的关系进行客观考量，而且轨道交通的建设与发展应该与城市的经济发展水平、城市规模、城市空间结构以及城市交通设施等方面协调统一，并进行统筹规划。

二、因地制宜原则

城市是人类文明的主要组成部分，同时也伴随着人类文明的进步发展而不断发展。每一个城市由于其所处地理位置、地理环境不同，相应的发展动力、发展条件、发展历史和规模也会有所不同，因此其总体布局必然会存在巨大的差异。例如，坐落在山区的城市一般具有组团式的总体布局，坐落在平原的城市一般具有圈层结构，坐落在山谷的城市一般呈带状分布等。发展历史较长的城市往往受到中国古代造城思想的影响，城市路网一般呈方格网布局，如北京、西安等；而受到近代国外造城思想影响的城市，城市路网一般呈放射状，如天津、上海等。现代发展与近代或古代相结合的城市，一般路网会有两个体系，如济南、银川、乌鲁木齐等。

城市中心地位和职能的不同，也会导致城市总体布局出现差异。如省会城市一般有省及市两个行政中心，区域中心城市一般有联系紧密的次级外围组团或城市，如北京、天津、上海等。另外，城市产业布局和结构的不同，同样会导致城市结构的不同，如以第三产业为主的城市，中心的集聚效应较强；以第二产业为主的城市，其中心的集聚效应较弱。由于城市总体布局的较大差异必然导致交通需求特性的差异，因此城市轨道交通规划必须把握这些差异，使得城市轨道交通的功能定位和作用与城市的交通需求特征相协调，在解决城市交通问题的同时，支持城市的发展。

三、继往开来原则

城市规划是伴随着城市的出现和发展而逐渐成长起来的一门古老但又具有活力的学科。在我国，城市规划是为了实现一定时期内城市的经济和社会发展目标，确定城市性质、规模和发展方向，合理利用城市土地，协调城市空间布局和各项建设所做的综合部署和具体安排。由此可见，城市轨道交通作为城市的一个重要组成部分，由于其具有投资巨大和规模运输的特点，对城市的社会经济发展目标、城市空间关系、城市规模、城市发展方向、城市土地的利用均具有重要且深远的影响。城市轨道交通规划必须正确处理修建城市轨道交通与城市既有系统的发展理念、发展方式以及未来发展方向、方式的关系，使城市轨道交通的发展既能保持城市发展的动力，又能坚持城市未来发展的方向，优化未来发展的方式。在已经规划建设城市轨道交通的城市，新的规划必须在尊重既有规划理念的基础上，结合城市的最新发展来规划下一步城市轨道交通的发展方向。

四、科学合理原则

发展城市轨道交通的目的是在适应城市发展和运行规律的前提下，解决城市交通问题，充分发挥轨道交通的运输作用，并通过合理建设来满足城市未来交通运输需要，实现交通系统与城市其他系统的协调发展。而城市轨道交通系统服务性能的保障与提升不但依赖于成熟的技术和良好的建设条件，更得益于与城市空间布局特点和发展节律的充分适应。因而，城市轨道交通的发展必须本着轨道交通技术与城市发展规律相互适应的原则，才能使城市轨道交通系统的布局和结构形式合理化，并获得理想的运输量和运输速度。

第三节　城市轨道交通规划与设计的要点及难点

一、城市轨道交通规划与设计的要点

（一）与其他交通方式衔接设计

在城市轨道交通规划设计中，要做好轨道交通与其他交通方式的衔接工作。例如，包括公共交通在内的快速公交、常规公交和出租车交通，私人小汽车交通，慢行交通的自行车、步行交通等。轨道交通解决的主要客流特性是主城区人们的出行，为了方便人们的出行，轨道交通必须与其他交通方式相互配合，在各个交通衔接点建设与其他交通方式换乘和衔接的设施，为人们的出行提供便利，分担地面交通压力。

（二）与整个交通网规划的协调性设计

轨道交通线路的规划必须与轨道交通线网规划统一考虑，而不是仅仅将其作为一条外围线路而单独规划。在预测市郊轨道交通客流时，要充分考虑与其相连接的其他轨道交通线路客流情况，市郊轨道交通的设置对与其连接的市区轨道交通线路的客流及特征均会产生一定影响，需要在预测分析时多加注意。市郊轨道交通与进入主城区的线路换乘要尽可能方便，距离越短越方便，在客流允许的情况下最好能实现同台换乘。同台换乘是加快不同轨道交通线路之间客流转换，提高整个线网运营效率的重要方法。

(三)轨道车辆选型设计

市区轨道交通主要是在城市中心运行,其车辆选型时要注意两点:一是客流要从整个轨道交通线网规划考虑,而非从一条线考虑;二是要考虑地铁开通带动沿线土地开发和交通便利所产生的组团居民通勤出行爆发性增长,预留未来客流增长的需求。机电设备系统的供电、通风空调、通信、信号、综合监控(ISCS、FAS、BAS、ACS、安检)和自动售检票系统均采用与线网其他线路制式相统一的系统,以线网的角度在规划市域线时考虑资源共享情况。

(四)支线设计

作为城市轨道交通的一部分,外围组团相对比较分散,为了加强各组团和主城区之间的联系,就要求市域线连接到城市外围与市区线换乘来实现,而同一个大方向的市域线是分别与外围换乘点相联系还是设置支线,则要从整个线网规划的角度考虑,不能局限于一条或两条线的长度。同时,考虑到近年来城市规划,应尽量避免摊大饼模式并以卫星城模式发展,应根据该方向区域内的用地控制规划,由一条线引导至方向中部后分为相似长度的两条支线,既节省了每条线延伸至外围换乘点的成本,又有利于运营的组织。

(五)环保控制设计

近年来,因为环境保护标准和要求越来越高,并且已经成为轨道交通项目审批过程中的重要环节,所以在线网规划、建设规划阶段就要编制环评方案并报生态环境部审批,在工程可行性研究阶段更是要得到环境影响评价的批复,在施工阶段需要环保监理对施工期环境影响情况进行督察。在开通一年时还要进行国家环境保护验收,各地区还设立了生态环境部派出的督察中心对区域内的建设项目进行环境监管。

二、城市轨道交通规划与设计的难点

(一)与城市原来的空间布局不协调

在城市的发达地域,早期就对其进行了相应的规划和布局,促使这一区间的交通、商业、服务业等发展加快。而城市轨道交通建设也是围绕着城市经济、商业等发达的地区建设，这就进一步增加了这一区域内的人口和人流，使原有的城市规划无法满足现在的城市发展需要，从而引起交通负荷进一步加大，引起城市区域交通、街道、市场等出现拥堵等问题。与此同时，周围居民居住的环境也日益恶化，治安环境相对混乱。造成这种不协调现状的原因，大致可以总结为两点：第一，轨道交通站点与其他交通运输方式的换乘不协调；第二，轨道交通枢纽与城市功能区的设置不协调。

（二）交通管理难度大

城市轨道交通大多数是由政府投资建设，而多元化的投资模式也进入地铁建设中，但这种多元化的投资模式对政府部门的管理和协调能力提出了更高的要求。由于在这些城市中，管理制度的更新过程往往比较缓慢，这就导致管理制度无法适应现代轨道交通的发展和运营过程，从而进一步影响了轨道交通的布局和工程质量。

（三）城市规划布局落实不到位

在我国大多数城市中，城市的建设和规划过程往往落实不到位，这就导致城市建设和发展方向十分模糊。而轨道交通的建设，主要是围绕城市发展方向和经济建设展开的，并且一旦建设完成，不能轻易变更，城市的规划和建设如果不能落实到位，就会导致轨道交通建设与城市空间布局之间不协调。

（四）轨道交通管理不协调

城市规划和城市轨道交通规划，虽然都是经过地方政府批准的，但其执行的部门却有所不同。虽然轨道交通能够缓解城市交通压力，带动城市商业、服务业等方面的发展，促进立体化城市交通建设，但是由于缺乏城市规划和轨道交通规划的管理体系和技术体系，往往会导致地方政府与执行轨道建设的部门两者之间的建设计划不协调、相互脱轨，从而严重影响了轨道交通的主导作用和综合效益的发挥。如果轨道交通的规划建设与城市规划中土地开发、道路交通配套设施、市政工程等建设时间顺序安排不得当,则会导致在轨道交通建设完成后,周边的城市开发尚未跟上,这直接影响了轨道交通的效率和效益。

第四节 城市轨道交通客流需求预测

一、城市轨道交通客流需求预测的必要性

(一)投资大

预计到 2020 年年底,全国城市轨道交通累计营运里程将达到 7 395 km 左右,伴随建设规模的扩大和建设成本的增高,轨道交通的建设投资已成为继铁路大规模建设之后新的增长领域,以每千米 5 亿元造价计算,到 2020 年年底,轨道交通的总投入将达到 3.3 万亿元,年均达到 2 700 亿元。因此,如此巨大的建设投资离不开通过准确的客流预测来确定合理的建设规模。

(二)工期长

一个城市轨道交通项目从筹划运作开始到运营使用,一般需要 2~5 年的时间,而在此期间交通运输系统发展所处的社会环境,如城市经济水平、政策等,导致交通需求处于不断的、快速的变化之中,再加上影响规划的其他因素也发生变化和经验不足,很容易导致规划不当。在此背景下,就需要采取滚动的规划方法来适应这种变化情况,而要想实现滚动的规划方法,客流预测工作无疑要贯穿整个规划过程。

(三)涉及面广

城市轨道交通项目是城市的生命线工程之一,直接关系到居民的生产、生活,并且还关系到城市的国民经济发展。它除了能解决沿线及周边地区的交通外,还能促进房地产市场、旅游市场的开发,带动整个地区乃至整个城市的繁荣和发展。而且城市轨道交通在建设过程中会涉及城市交通、建筑、市政、环保等诸多方面,因此,有必要对城市轨道交通进行科学的客流预测工作。

二、轨道交通客流需求预测方法

（一）趋势外推法

趋势外推法是指以公交出行历史数据为基础，将相关公交线路的现状客流和其他方式客流量向轨道线路转移，得到虚拟的轨道客流量，然后按照相关公交线路历年客运量和增长规律，确定轨道客流的增长率，以此推算远期轨道客流，或者由公交预测资料直接推算远期轨道客流的方法。在确定轨道交通客流增长率时一般采用指数平滑、多元回归等方法。北京一、二期地铁线路的客流预测及复兴门—八王坟的线路客流预测均采用了此类预测方法。

趋势外推法不是基于现状OD（交通出行量）分布，对现状交通特征的反映比较片面，因此，无法全面考虑城市用地规模、交通设施以及出行结构改变上的影响。目前，趋势外推法一般只用于其他模式预测后的比较验证或者作为定性分析的辅助手段。

（二）非集计模型

非集计模型又称交通特征模型，它以实际产生交通活动的个人而非交通小区作为研究对象，根据个人特征对个人是否进行出行、去何处、利用何种交通工具以及选择哪条路线等活动分别进行预测，得出交通需求总量。这一模型在理论上利用了现代心理学的成果，引入了随机效用的概念，其核心是效用最大化理论。其着眼于研究出行者个体的出行行为，虽然理论上具有较高的准确性，但要求足够精度和巨大的样本量，设定的自变量和参数标定工作较大，计算复杂，应用范围较为局限，目前在国内的研究和使用还未系统展开，多应用于划分领域。

（三）"四阶段"模型

"四阶段"需求预测方法是以城市居民出行OD调查为基础，结合居民出行的分布状况，对整个公交客流在路网上的分布进行预测，从中确定轨道交通线路上的客流量。该方法具体可以分为出行生成预测、出行分布预测、交通方式划分预测以及交通分配4个阶段。

第三章
城市轨道交通线网规划

第一节 城市轨道交通线网规划背景与要点

一、城市轨道交通线网规划背景

(一)黄金发展期

随着社会经济快速发展和城镇化规模的日益扩大,我国城市轨道建设进入了黄金时期,截至 2013 年年底,内地有 19 个城市的轨道交通投入运营,城市轨道总运营里程达到 2 539 km,具备轨道交通建设条件的城市超过 50 座。与快速建设历程相对应,我国城市轨道的主要运营指标也达到了世界前列。仅从中心城区的轨道客流运输规模比较,北京、上海、广州等城市轨道交通客运量甚至超过一些世界重要城市,如纽约、巴黎、伦敦等。特别是 2013 年 6 月 28 日,北京地铁全网单日客运量攀升至 1 032 万人次,成为全球最繁忙的城市轨道交通系统之一。在可预见的未来,考虑中国城市的发展规模和庞大的人口出行需求,按照交通基础设施投资拉动与社会经济结构转型的需要,城市轨道交通在新型城镇化战略推进中仍将维持快速发展的态势。

2012年世界各大城市地铁线网规模，如图3-1所示。

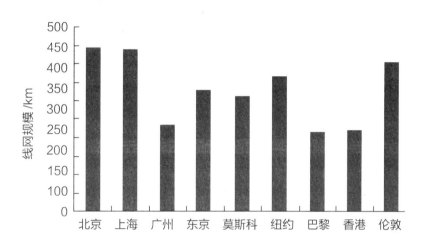

图3-1　2012年世界各大城市地铁线网规模

（二）矛盾凸显期

城市轨道的快速发展期也是矛盾的凸显期。现阶段，我国城市轨道交通线网主要存在如下问题：规划研究深度不够，导致操作性较差；规划约束力不强，随领导意志随意变动；规划超前考虑不足，缺乏通盘考虑，寄希望于少数线路的延伸与绕行；规划一体化衔接机制不完善，各自为战，难以有效地整合各种资源。

因此，下一阶段城市轨道交通线网规划应重点关注的问题为重视规划层面的顶层设计，强化规划的约束力；注重城市间的统筹协调，合理配置资源，降低发展成本；加强综合交通衔接，发挥好轨道交通在公共交通中的主导作用。因此，在新型城镇化推进过程中，研究城市轨道交通线网规划关键技术具有相当的必要性与紧迫性。

二、城市轨道交通线网规划要点

（一）结合工程的实际条件进行规划

线网规划一定要有较强的可行性，只有能够切实实施的线网才能最终称为工程成果。在实际规划过程中,要结合工程的实际情况。例如,在一些有海的城市,轨道交通网跨海就是工程难点。因此,必须高度重视这一类的关键因素。

(二)线网形态的规划

1.线网形态的确定应结合城市条件

城市轨道交通的线网形态需要根据城市的具体规模、经济发展水平、土地使用形态以及客流特征等实际情况来进行设置规划,基本上包括放射形与棋格网状形两种。

棋格网形状对乘客来说比较方便,平行线路比较多,可以选择的乘车方式也比较多,交通运输能力强,线路客流分布不会集中在某一处,但市中心乘车会有所不便。这种线网形态的敷设会沿着城市道路,不会过多干扰到城市建筑,施工操作比较便捷,如北京和墨西哥城均是采用这种线网形态。

放射形线网中最少有3条以上的城市主干线路相互交叉,具有连通性好、可直达市中心的特点。又由于这种形态下的外围区域间换乘多有不便,一些城市结合客流设置了适当的环线,以便提升网络的连通性,如巴黎和莫斯科就是采用这种形态。至于城市到底应该使用哪种线网形态,则需要设计者结合城市近期及以前的整体形态、土地使用规划和道路布局等进行设置。

2.科学地设置线网之间的换乘点

为了确保交通网线的稳定性,必须合理布置换乘节点,这样才能更好缓解市中心的交通压力和施工难度。换乘节点的布设必须注意以下两点:尽量确保线网中任意两条线之间相交1~2次,以便有效减少换乘次数,真正做到一次换乘;第二,要尽量分散设置市中心换乘节点,做到两两相交,防止出现多线相交的情况,以便有效分散客流。

3.线网规模

线网规模设置必须结合总体规划,线网密度与线网负荷强度是体现城市线网规模的重要指标。

（1）线网负荷强度。线网负荷强度是指轨道交通线每天每千米所承载的客流量，是轨道交通线网的工作效率和经济效益的重要呈现指标。国际上轨道交通的建设主要包括高负荷低密度系统与低负荷高密度系统两种模式。高负荷低密度模式具有较好的经济效益，典型代表有中国香港和俄罗斯。低负荷高密度模式的服务水平较高，但经济效益不高，需要依赖政府的大量财政政策和补贴的扶持，典型代表有巴黎和伦敦。为了有效减少不必要的资金投入，争取较大的经济收益，我国应采用高负荷低密度的模式。

（2）线网密度。线网密度是指轨道交通覆盖区域的线网分布情况。市中心的车站会吸引 600~800 m 区域内的客流；而城市外围交通车站会吸引 2 000 m 范围内的客流。线网密度分别是市中心 1.33 km/km^2，外围区 0.25 km/km^2。每一个城市都要结合当地的经济水平做出适当调整。

4. 做好网络资源的共享

在规划轨道交通线网时，必须确保共享网络资源，保证正确的线网建设顺序，并科学合理规划好车站与车辆段之间的过渡空间。

（1）控制中心的资源共享。必须对轨道交通网络运营进行统一调度指挥，实现调度指挥中心建设、运营组织协调、资源信息共享、突发事件应急处置和网络对外协调统筹规划。

轨道交通线网控制中心作为轨道交通线路运营的核心综合协调角色，全面负责对全线所有运行车辆、车站、区间、客流、设备、行车等进行总的监视、协调、指挥、调度和管理。在轨道交通网形成后，为了轨道交通网络中各条线路能够有效协调运作，适应线网的发展，要建立一个具有列车运营管理信息、乘客信息、设备信息以及管理信息的平台，以便掌控全局的网络化运营系统。

（2）车辆基地资源共享。车辆基地是城市轨道交通建设项目中重要的组成部分，占地多、规模大，一般车辆基地占地面积为 30 ~ 35 ha（公顷），有的甚至更多。停车场占地为 10 ha 左右，投资额度为 4×10^8~5×10^8 元人民币，占一条线工程总投资的 4% ~ 8%。其涉及车辆、线路、站场、工务、供电、通信、信号、建筑、给排水、消防等系统或专业，是地铁建设的主要控制环节之一。

合理整合设备资源、充分发挥作用。综合维修中心的大型检查、维修机械的资源共享（如接触网检查车、磨轨车等）也会节约大量资金。因此，合理进行车辆段、停车场的资源整合，使设备充分发挥作用，对降低工程投资，实现资源共享，具有十分重要的意义。

第二节 城市轨道交通线网规划的原则和内容

一、城市轨道交通线网规划的原则

（一）功能性原则

第一，线路走向应与城市主客流方向保持一致，应连接城市主要客流以产生吸引源。

第二，轨道交通作为城市交通的骨干，应与现有交通工具相互配合，协调发展，最大限度提高使用效率。

第三，组建大型换乘中心，使之成为城市发展的副中心或新区开发的先导和依托点。

（二）经济性原则

第一，用最少的轨道交通总里程吸引最大的出行量。

第二，保证最先修建的线路是最急需的线路。

第三，与城市建设计划及旧城改造计划相结合，保证轨道交通建设计划实施的可能性和连续性，提高工程技术上的经济性和合理性。

第四，与城市的地质、地貌和地形联系起来，降低轨道交通工程造价。有条件的地区应尽量采用高架或地面形式。

（三）可持续性原则

第一，有利于城市的可持续发展。

第二，充分考虑轨道交通与土地利用的相互影响，处理好满足需求与引导发展的关系。

从国外经验看，有两种选择可供参考：一是"SOD"，即客流追随型。对于人口和经济活动空间布局相对合理、功能分区比较适中的大城市，需要发挥轨道交通设施的快速通道作用，应优先在目前的中心区内部或环绕中心区修建，提高中心区的通行速度，完善中心区的服务功能。二是"TOD"，即规划引导型。在人口和经济活动空间布局不合理、功能分区缺乏的城市，需要发挥轨道交通设施在调整空间结构和完善功能分区方面的作用，应优先在城市中心区与快速发展的新区之间、中心区与希望发展的边缘区之间修建，以尽快调整城市的空间和功能布局。

二、城市轨道交通线网规划的内容

城市轨道交通的兴起是城市化加剧、城市迅速膨胀的时代必然需求。作为大城市重要的客运交通方式，轨道交通是城市中建设周期最长、投资最大的交通基础设施。城市轨道交通线网系统直接影响到城市发展的总体布局形态，改变城市社会经济和民众的生活方式。线网规划涉及专业面广、综合性强、技术含量高，从规划时间看，城市轨道交通网络规划主要内容包括三个层面：城市背景研究、线网构架研究和实施规划研究。城市背景研究层面包括城市规划研究、城市交通规划研究。线网构架研究包括合理规模研究、线网方案的构思、线网方案客流预测、线网方案的综合评价。实施规划研究包括工程条件、建设顺序、附属设施规划等。在实际工作中，每项研究内容都要尽可能全面、专业，这样才能保证线网方案的科学、合理。

第三节 城市轨道交通线网合理规模的确定

一、线网合理规模的含义

在进行城市轨道交通线网规划时，一个十分重要的问题就是如何根据城市的现状及其发展规划、城市的交通需求、城市的经济发展水平，从宏观上合理地规划轨道交通线网规模。合理的城市轨道交通规模不仅是线网规划的宏观控制量，而且也是一项至关重要的投资依据，更是决策者进行决策的辅助依据。

所谓合理规模，实际上就是合理的快速轨道交通方式供给水平。因为交通需求和交通供给是动态的平衡过程，所以这里的合理是一个相对的概念，是在一定条件下达到预期目标的一种结果。线网规模是否真正合理，最终应放入交通模型中进行需求和供给的动态检验。但是在进行方案构架研究之前，还要对线网规模进行约束，以使多个方案具有共同比较的基础。线网合理规模可以进行静态计算，理论和实际应用中主要从交通需求、线网合理服务水平以及轨道交通运营公司经营规模的角度进行计算。

二、线网合理规模的指标

城市轨道交通线网规模指标有以下三种。

（一）城市轨道交通线网总长度

$$L = \sum_{i=1}^{n} l_i$$

式中，l_i 为城市轨道交通线网第 i 条线路的长度（km）。L 反映了线网的规模。由此可以估算总投资量、总输送能力、总设备需求量、总经营成本、总体效益等，并可以据此决定相应的管理体制和运作体制。

（二）城市轨道交通线网密度

$$\sigma = L/S \text{ 或 } \sigma = L/Q$$

式中，S 为城市轨道交通线网规划区面积（km^2）；Q 为城市轨道交通线网规划区的总人口（万人）；σ 是一个总的城市轨道交通线网密度（km/km^2）。

城市轨道交通线网密度是指单位人口拥有的线路规模或单位面积上分布的线路规模，它是衡量城市快速轨道交通服务水平的一个重要因素，同时对形成城市轨道交通车站合理交通区的接运交通组织也有影响。实际上，因为城市区域开发强度的不同，所以对交通的需求也不是相对均等的，往往是由市中心向外围区呈现需求强度的逐步递减，因此，线网密度也应相应递减。评价城市轨道交通线网的合理程度需按不同区域（城市中心区、城市边缘区、城市郊区）分别求取密度。

（三）城市轨道交通线网日客运周转量

城市轨道交通线网日客运周转量是评估城市轨道交通系统能力输出的重要指标。城市轨道交通线网日客运周转量表达了城市轨道交通在城市客运交通中的地位与作用、占有的份额与满足程度。其涉及城市轨道交通企业的运营管理，是轨道线路长度、电力能源消耗、人力、轨道和车站设备维修以及投资等生产投入因子的函数。因此，在一定程度上，城市轨道交通线网的规模还可以用能源总消耗量、产业总需求量、人力总需求量等反映生产投入规模的指标来表示，并且可根据需要选择使用。

城市轨道交通线网的规模在规划实施期内，往往需要根据城市发展的需求进行适当调整。相对来说，总长度的调整幅度不要太大。因此，城市轨道交通线网的总长度是一个必须确定也是可以确定的基础数据。

三、线网合理规模测算方法

测算城市轨道交通网络规模，国内外主要从交通需求和服务覆盖率两个方面来考虑。

（一）按交通需求推算线网规模

$$L = Q\alpha\beta/\gamma$$

式中，L 为线网长度（km）；Q 为城市日出行总量（万人次）；α 为在出行总量中公共交通出行方式所占比例；β 为在公共交通出行总量中轨道交通出行方式所占比例；γ 为轨道交通线网日负荷强度（万人次/千米）。

（二）按服务覆盖率推算线网规模

1. 线网服务覆盖面积

$$L = SM$$

式中，L 为线网总长度；S 为城市用地面积；M 为线网密度。

对于一条快速轨道交通的线路市中心区的吸引范围，可以近似地认为是线路两边各 750 m 的条形带，边缘区的吸引范围为线路两边各 2 km 的地带。

在城市中心区客流需求是多方向的，轨道交通线网应满足至少 4 个方向的需求；在城市外围区客流主要是向心的，轨道交通线网一般只需满足向中心的客流需求。

根据上述原则，假设轨道交通线路吸引半径为 r，线路间距为 $d=2r$，则：

（1）在城市中心区，客流需求是多方向的，将轨道线网看作均匀棋盘状，计算得线网密度为 $2/d$。若 $r=750$ m，则线网密度为 1.33 km/km²。

（2）在城市外围区，客流需求是向心的，将轨道线网看作平行线状，计算得线网密度为 $1/d$。若 $r=2$ km，则线网密度为 0.25 km/km²。

在实际计算时，可根据各区域划分情况选取适当的吸引半径。

2. 人均拥有线路长度推算线网规模

$$L=M\&$$

式中，L 为线网总长度；M 为城市人口；$\&$ 为人均线路长度。

第四节　城市轨道交通线网构架方法

一、线网构架基本类型

轨道网络结构主要有：放射状网络、环线、卫星轨道状线路、网格状线路。

（一）放射状网络

放射状网络通常包括数条直线型的轨道线路，交汇于市中心，为各个交通模式提供换乘。各轨道线路横跨市中心，并连接至外围区域，服务于已建成的交通走廊。这是一种理想的轨道网络形态，能够连接多中心建成区到经济繁荣的市中心区或者中心商务区。

由于直线型轨道线路是放射状网络的主要组成部分，此类轨道网络形态最为简单明了。另外，这也是城市地铁网络中最常用的初步线路形态。此类轨道线路沿着具有最大实际或潜在交通需求量的交通走廊布设，从而满足主要需求走廊的要求。而在单独或者几个交叉口设立这类形态简明的轨道线路，能够满足往返中心区，如中心商务区或交通枢纽的交通活动需求。

因为此类轨道线路与其他路线在中心区交叉，如中心商务区，所以除了在中心区，在其他地区与其他线路换乘是有限的。除非它们在相同的交通走廊，否则位于市中心区以外的起止点之间的交通连通性会比较差。因此，这类网络最好服务于中心区相关的放射状出行。

因为几条线路都经过中心区，所以该地区的网络密度特别高，如果总体网络以这种形态发展，有可能出现服务重叠。

（二）环线

环形轨道线路呈环状，无首末站。它们一般环绕中心商务区，或连接大城市内的周边地区或市郊。环线不能单独形成网络。环线按线路形态可分为以下几种：

（1）独立环：无终点的环线。

（2）共享环：设有数条线路，其中一条呈独立环线，而其他线路仅为共享环的一部分。

（3）勺型环：线路从外围进入环线内，绕环线再从入口处延伸。

（4）分开运营环线：数条线路，但没有一条线路绕整个环运行。

（5）终端环：在已设或未设站点的线路末端设立小的单向循环环线。

（6）假环：网络中的线路呈环状设置，但实际上列车不能像在环形线路一样绕圈运行。

尽管这些环线的线路形态不同，但其具有相同的特征，均提供环线服务，通过提高轨道线路之间换乘的可能性，加强网络的连通性及可达性。这对于多中心的市区尤其有利。

然而，环线服务的运营会出现关于终点选址的运营问题。当多条线路共用环线一部分时，此问题就会变得特别复杂。

另外，除非环线沿高需求交通走廊布设，否则环线将更容易导致更多的出行里程。同时，也不能简单地对服务形式进行优化，仅满足过载的线路路段的需求。对于往返中心区的交通出行来说，放射状形态优于环线形态。

（三）卫星轨道状线路

卫星轨道状线路的功能与环线相同，在主要节点、车站或城市外围区的郊区之间提供直接的连接。这些线路有助于连接多中心城市，并转移市中心不必要的出行，缓解放射状交通走廊的拥堵状况。因此，此类线路提高了城市的可达性及连通性，并能够促进市中心区外围发展区及走廊的发展。

与环线相比，卫星轨道状线路更胜一筹，其设计不仅可以满足卫星轨道状高需求交通走廊的需求，并可以对服务形式进行优化，从而满足需求。

（四）网格线路

网格线路网络由数条纵横线路组成，形成网格状，其服务范围覆盖市区与密集区。网格线路系统为许多起止点出行提供服务，并为轨道线路之间的换乘提供多种方案，从而提高网络可达性，更好地服务于密集的市中心区。可根据区域内实际或预测的需求量，调整各线路的服务密度。

同时，网格线路网络的覆盖面比较广，并由于起止点常位于不同轨道线路上，需要多次换乘。另外，因为景观和城市结构的影响，包括地下公共设施，如排水管及缆线，所以对轨道换乘枢纽站的建设造成严重限制。

二、线网构架基本思路

目前，我国已有两种相对成熟的线网构架方法，一种是"点、线、面要素层次分析法"；另外一种是"以规划目标、原则、功能层次划分为前导，以枢纽为纲，线路为目进行编织"的方法。在第一种线网构架方法的基础上，主要研究"面、点、线要素层次分析法"，这三个方面既代表了三个不同的要素（线网整体结构形态、客流集散点、轨道交通客流走廊），也代表了三个不同的层次。在对线网构架进行研究时，要从以上三个层次分别进行具体分析，然后将三者联系起来确定最终的线网结构。

（一）"面"的分析

"面"代表线网整体布局形态，要与城市空间结构保持一致。在分析"面"时，要注意以下三个方面。

第一，近年来，随着我国城镇化进程的快速发展，出现了大量新城，城市呈现出由单中心向多中心发展的态势。在研究线网整体构架时，要把握好轨道交通与城市发展的互动关系，着眼于城市的长远发展，对新城轨道线路的设置应尤为注意，是将其作为卫星城还是中心城或者副中心进行规划都要进行反复的验证。

第二，在进行线网规划时应谨慎考虑环线的设置。一般认为，环线主要有两个作用，一是加强中心边缘区域各客流节点的联系；二是对外围区之间的过境客流进行截流，减轻中心区交通压力。但是，轨道交通作为一个相对独立的交通系统，轨道环线与道路环线有着本质区别，如果客流选择环线绕过中心区，不仅不能因为速度加快而缩短过境时间，而且还要承受换乘带来的不必要麻烦。可以说，轨道交通环线的客流屏蔽作用与道路相比微乎其微。另外，随着线网密度的逐渐增大，线网对中心边缘区域的连接作用也越来越小，因此，在进行环线设置时应慎重考虑。

第三，城市轨道交通的换乘枢纽与换乘节点应区别对待，枢纽节点布设的合理性对整个轨道交通线网功能起着不可忽视的作用。进行线网规划时，应标出枢纽节点并对预测客流集散量做出说明，这样一方面可以为后期的线网调整优化工作提供参考，另一方面也可为该区域的地面综合交通规划提供依据。

（二）"点"的分析

"点"代表城市重要客流集散点，是整个城市交通客流形态的关键节点，包括城市核心区、卫星城镇、新城、机场、港口、客运枢纽等重要客流集散点。这些节点在整个线网中扮演着不同的角色，起终点和换乘节点，大型节点和小型节点都要区别对待。在设置大型换乘节点时要尤为谨慎，认清一般换乘节点和换乘枢纽的本质区别。在确认该节点为换乘枢纽时，应注重其与其他地面交通方式的衔接以及该区域的城市功能布局。

（三）"线"的分析

"线"代表城市轨道交通线路走向或者城市主要客流走廊、居民交通出行期望线等。在对"线"进行研究时，应注意以下三个方面。

第一，城市轨道交通线路走向应与城市主要客流走廊的走向一致，并应尽可能将城市各主要客流节点连接起来。

第二，轨道线路应优先考虑沿城市已有主干道进行敷设，因为主干道施工条件一般较好，且多为城市重要客流走廊。

第三，城区线和市域线应区别对待，在设置市域线时应注重城市总体功能布局，处理好城区线、市域线和交通枢纽之间的联系。

三、轨道交通线网构架基本方法

（一）整体形态控制——拟订轨道交通线网基本构架

1. 轨道交通规划的基础——城市背景研究

城市背景研究主要分为以下三个方面。

第一，城市总体规划中对轨道交通线网规划有影响的城市结构和形态、土地利用布局、人口与就业分布、社会经济发展水平、大型建设项目、环境和文化保护等方面的规划意图。

第二，城市综合交通规划中明确的城市交通发展战略、道路网结构、合理的交通结构、交通枢纽布局、公交网络以及对城市轨道交通线网规划构想等。

第三，城市远景交通宏观分析。该部分主要针对总体规划和综合交通规划的局限，通过对城市远景土地发展和交通分布的宏观分析，对轨道交通线网的基本形态进行必要的深化、调整和补充。

2. 拟订轨道交通线网基本构架

根据城市背景研究提供的资料,对线网规划的前提条件进行研究。

对轨道交通线网基本构架形态做出科学判断,提出线网内线路的组成和功能分工,作为形成候选线网方案的基础。

(二)城市大型客流集散点分析

作为城市客运的骨干系统,城市轨道交通必须串联城市大型客流集散点,分析这些客流集散点的规模等级、建设顺序、相互关系和可能的变化,将其作为规划线网构架的基点。

(三)交通走廊分析,线路路由的可行性

1. 交通走廊分析

出于对工程实施和吸引客流的考虑,轨道交通一般沿城市干道敷设。线网构架要为轨道交通线路选择可作为敷设走廊的交通走廊(干道)。

从宏观角度对交通走廊作为轨道交通线路的可能性进行分析和筛选,形成初步的优劣划分。

交通走廊分析主要从以下几个角度进行:现状条件、规划条件、主要工程难点、沿线土地利用性质、走廊在城市道路网中担负的功能以及对整体轨道交通线网的影响。

2. 形成线网局部线路的比选方案——候选线网方案

经过交通走廊分析,对各走廊成为轨道交通的条件形成初步的优劣划分。

为便于交通测试,使线网在局部选择不同路由时的交通分析具有可比性,这就需要归纳成几个不同的线网方案,将局部交通走廊的对比转化为不同线网方案之间的对比。

第五节　城市轨道交通和其他交通的衔接规划

一、轨道交通和其他交通方式衔接的意义

发展城市公共交通既是解决城市交通拥堵，满足城市交通需求最有效的手段之一，也是实现城市交通可持续发展的重要战略措施。以南宁市为例，2020年南宁市将形成以轨道交通为骨架，快速公交、常规公交、出租车多种方式相互补充、良好衔接的多种交通方式协调发展的一体化公共交通体系。

因为轨道交通在服务水平、服务范围、建设投资、交通可达性等几个方面与地面公交存在区别，所以轨道不能替代地面常规公共交通。轨道交通客运地位的实现需要与其他交通系统有效配合。其与地面各类客运交通方式衔接的合理性，则对整个城市交通网络的正常运转和营运起着决定性作用。因此，在线网规划完成后，应及早开展轨道与其他交通方式的衔接规划。因为此项规划工作非常复杂，所以可以以专项规划的形式进行研究。

交通衔接规划的意义，具体表现在以下几个方面。

第一，促进地面交通和轨道交通的合理衔接，处理好城市客运系统的不同层面、不同功能、不同服务水平的交通模式之间的关系，使客运系统中线与面有机结合、相互补充、共同发展，打造统一的城市客运体系。

第二，通过地面公交与轨道交通的良好衔接，可以在充分发挥各客运子系统的作用基础上，加强子系统之间的相互渗透和互补，减少不必要的竞争，从而提高整个城市客运网络的运行效益，提高公共交通在客运市场中的比例，确立公共交通在城市交通中的主导地位。

第三，地面交通与轨道交通的良好衔接，可以缩短人们的出行时间、提高舒适度，进而提高公交系统的服务水平，提高公共交通的吸引力，从而促进城市公交的快速发展，优化城市居民的出行结构。

第四，促进城市公交系统规划的完善，尤其是明确线路和枢纽的分布与定点，拟定建设规模和计划以及与之相配套的道路、站场设施

用地的规划。

二、交通一体化与公交优先

目前，交通一体化趋势日益明显，公交优先也越来越受到各大城市，尤其是北京、上海、广州、深圳等特大城市的重视，并且成为许多城市交通发展的基本政策。交通一体化和公交优先对轨道交通与其他交通方式的有效、合理衔接提出了更高要求，同时也为轨道交通与其他交通方式的合理衔接提供了有利的政策环境。

（一）交通一体化

交通一体化的主要表现是交通体系内部的充分整合，以及各个交通系统效益的最大化。交通一体化包括三个方面的含义：交通设施的平衡、协调的运行和高效的管理。而轨道交通车站作为重要的交通枢纽则是交通设施平衡的关键，同时也为协调运行和实现高效管理提供了基础设施条件。

1. 轨道交通与其他交通方式合理衔接是交通设施平衡的关键因素之一

交通设施包括道路、轨道、枢纽、停车设施和管理设施等，交通设施的发展和变化，是城市交通发展的直接反映，而交通设施建设重点的转移，也标志着城市交通的不断完善。道路是城市交通最基本的基础设施，道路建设经过漫长的发展，很多城市都已经形成了相对完善的道路交通网络。随着城市经济发展和交通的需求，很多城市交通建设的重点已经开始逐步转移到轨道交通上来。随着轨道交通的大力发展，到达多方式组合的阶段时，需要一个多种设施平衡发展的综合交通体系来确保交通的畅达。面对这种多元化交通的趋势，城市轨道交通车站，特别是枢纽型的轨道交通换乘车站的平衡、整合作用也必须得到足够的重视。

要实现交通设施的整合和平衡，就要依赖于完善的、高效的交通衔接和换乘系统，只有通过交通衔接系统实现同种交通方式内部、不同种交通方式之间、私人小汽车交通和公共交通、市内交通与对外交通的有效衔接，发挥交通体系的整体效益，才能实现真正的交通设施的整合和平衡。

交通枢纽是交通衔接系统的核心，城市轨道交通换乘车站作为一种重要的交通枢纽也要充分发挥衔接核心作用。在各种方式紧密组合形成的出行方式链中，换乘是实现各种交通方式有效转换的关键环节，也是必不可少的组成部分，交通枢纽是实现此类换乘的有效设施。通过整合各种客运站点而设置的枢纽设施，为出行者提供方便的换乘条件，保证居民通过中转换乘实现顺利、快捷出行，城市轨道交通车站就是此类枢纽。通过"停车+换乘"设施实现城市轨道交通与私人小汽车交通的有效转换，为优化出行结构、缓解中心区交通压力创造条件；通过沟通航空、港口、火车站和公路客站等，将对外交通设施与市内交通紧密相连，完成城市外部交通和内部交通的转换。

2. 轨道交通与其他交通方式合理衔接

轨道交通与其他交通方式合理衔接为协调交通运行和实现高效交通管理提供了设施条件。

协调的交通运行也就是实现不同交通方式之间的便捷换乘。便捷的换乘要求减少空间距离、缩短换乘时间以及节省换乘费用。轨道交通车站作为交通枢纽，不仅在物质上满足了减少换乘空间的条件，还在不同的交通方式之间或同种交通方式、不同线路之间的轨道交通车站可以实现最短距离的换乘。轨道线路之间可以实现同台换乘，轨道车站与公共汽车紧密衔接，实现无缝换乘；缩短了换乘距离，也就在一定程度上缩短了换乘时间；通过合理的收费标准，减少乘客换乘费用，实现了在轨道车站的协调运行。

高效的运营管理，智能化的管理手段是实现高效运营管理的重要措施。城市轨道交通车站，尤其是换乘车站，往往是智能化、信息化的载体，载体中不同交通方式、不同交通设施的集中，为实现智能化、信息化的高效运营管理提供了有利的条件，并且成为城市交通智能化运营管理的终端，不同的轨道车站连接为实现网络化的高效运营管理提供了设施基础。

（二）公交优先

公共交通优先的根本目的，是建立以公共交通为主体的，多种交通方式协调运行、紧密衔接的综合客运体系。与此相对应的，公交优先政策的内涵就是要实施一切有利于公共交通优先、健康和加快发展的政策和措施，并且全面推行有利于公交发展的技术和手段。

1. 公交优先的重要内容

轨道交通与其他交通方式合理衔接是实现公交优先的重要内容，公交优先要求多种交通方式协调运行，确立公共交通的主体地位不等同于确立公共交通的唯一性。公共交通是城市综合交通体系的一个重要组成部分，与其他交通方式相比，其优势在于运输效率高，能够最大限度满足社会公众的交通需求。但是，所有交通方式都有各自的优势，并在其适应的范围内发挥着主导的作用。例如，在 3 km 左右的短距离出行中，公共交通难以具有竞争力；又如，在私密性要求很高的家庭出游活动中，小汽车的使用成为必然选择。总之，要做到优势互补，充分发挥各种交通方式的优势，做好多种交通方式的衔接、换乘。其中，轨道交通与常规公交、小汽车、自行车的合理换乘和衔接是非常重要的内容。

城市中心区的轨道交通与其他交通方式的合理衔接尤为重要。公交优先的程度随时间、空间的变化而变化，即便是在同一座城市中，不同的区域或不同的交通时段，公交优先的程度都会发生变化。公交优先程度最高的是在城市交通最拥挤的中心区域和高峰时段，因此，城市交通由里而外，公共交通的比重逐步下降，大量道路公交优先措施往往仅在高峰时段实行。如在公共活动频繁的场所，步行可能要优先于机动车，于是会出现禁止车辆通行的商业步行街。许多轨道交通车站都位于城市中心区，因此，对其与其他交通方式良好衔接的需求显得更加重要。

2. 公交优先的最优化原则

轨道交通与其他交通方式合理衔接是公交优先最优化原则的重要体现。不仅城市的经济、社会、文化活动离不开人员的流动，而且城市的发展和扩大也有赖于人员的流动，因此，城市交通的本质是实现人的快速移动，而不是车辆的通行，评价城市交通体系的优劣，主要是看广大公众的交通利益是否得到保障。个体交通具有灵活、随意和方便的优点，但是个体性强的特点却决定了其只能满足少数人的出行需求，而公共交通是最接近广大市民需求的一种交通方式，其"公共"的特性又决定了其将为大多数人服务，因此，公共交通成为城市交通优先发展的对象。轨道交通是解决城市交通问题的重要途径，是服务于城市广大居民通勤出行的重要交通方式。与其他交通方式的合理衔接，吸引大众乘坐轨道交通，体现了公众利益最优原则。

公交优先设施是效益最优原则的体现之一。效益分为直接效益和间接效益，直接效益指出行时间的节约、车辆运行效率的提高、成本的降低和交通事故的减少等；间接效益是指投资环境改善、生活质量提高、经济运转速度加快等。效益最大化就是间接效益与直接效益的统一，合理衔接在客观上节省了出行时间，发挥了各种交通方式的优势，体现了效益最优原则。

公交优先是环境效益最优原则的体现之一。交通环境本身是城市环境的一个组成部分，因此，必须创造一个与城市形象相适应的交通环境，其具有清洁、安全、有序和畅通等特征。交通对城市环境有着直接和间接影响，主要表现为噪声、振动、污染物排放、视觉压抑等几个方面。因此，不仅要减少交通发展对环境的负面影响，而且还要让交通发展为提高城市环境质量做出贡献。轨道交通与其他交通方式合理衔接在节约时间的同时，改善了换乘环境。

交通一体化和公交优先政策在客观上为轨道交通与其他交通方式之间的合理衔接提供了宏观的政策指导，在这个宏观的政策指导下，针对衔接设施的规划、建设、运营及管理等各方面又具有一些具体的措施和政策。

三、轨道交通和其他交通方式衔接的原则

轨道交通能够提供一个安全、快捷、经济的客运系统，其在公共交通系统中发挥作用，需要常规公共交通、非机动车交通、出租车等其他交通方式的衔接配合。

轨道交通与其他交通方式衔接的原则应体现城市公共交通发展的整

体性、协调性、便捷性、合理性以及政策性，使常规公交与快速轨道交通形成一个有机的整体，发挥网络的运输能力。依据项目的目标和主要工作内容，在分析城市发展的基础上，确定轨道交通与其他交通方式衔接的主要原则如下。

（一）整体分析和局部分析相结合原则

地面交通与轨道交通的衔接是一项复杂的整体性工作，其目的在于对城市客运系统的两大子系统——封闭客运子系统和开放客运子系统进行科学的研究，对这两个系统之间的联系和各自的功能进行合理的定位和优化平衡，提高整个客运系统的功能和效率。因此，整体分析、统筹兼顾是该研究主要的工作特点，同时也是必须遵守的基本原则。另外，对某些特殊的衔接点，还应该从完善区域运输网和改进网络连通状况的目的出发，根据具体条件进行局部分析，确定衔接点在网络中的功能定位和规划方案。

（二）衔接点布局与城市土地利用规划紧密结合原则

城市土地利用规划既是城市轨道网规划、城市公交站点规划的基础，也是规划工作服务的最终目标。地面交通与轨道交通的衔接点布局与城市土地利用规划是相互促进、相互约束的关系，二者密不可分。良好的衔接点布局能够促进城市空间发展和地区中心的形成，并为其提供一个高效的公共交通运输网络，提高土地利用价值。

（三）地铁车站的布置与区域综合交通环境相结合原则

城市铁路客运站、公路长途客运站及区域公共交通枢纽汇集了多种交通方式，具有客流集中、换乘量大、流动性强、辐射面广等特点，容易形成综合交通枢纽。地铁与常规公交应成为客运综合枢纽的主要运输方式，因此，一般交通枢纽均由多条轨道交通线路或地面公共交通线路及其交通设施组成，并且需要在综合交通枢纽换乘区域内设置公交枢纽站，提供足够的站场用地和先进的设施，合理组织人流和车流，以达到空间立体化的有效衔接。

（四）地铁尽端站设置换乘中心的原则

一般在城市发展区边缘出入口地带，结合公路干线网络和城市地铁线路，应该在地铁尽端站附近设置区域换乘中心。结合公路客运出行分布方向，引导地面公交和其他机动客运交通方式与地铁进行换乘，以实现区域与城市交通二级接驳，发挥系统各自功能。换乘中心应提供公交总站场地和设施，根据客流集结规模和方向，确定公交场站用地和线网布局以及组织形式。换乘中心的设计应达到功能分区合理、转换空间紧凑、行人系统安全、客流换乘方便、交通组织流畅等要求。

（五）分区域的交通设施布局和规模原则

地铁的直接吸引范围主要是指在合理的出行时间内步行能够到达地铁站的范围，一般距离为 500 m；间接吸引范围是指利用其他交通工具在合理时间内到达地铁站的范围，其出行距离为 500~1 500 m。在城市的中心区，因为线路网密度较大，车站的空间距离比较小，所以地铁出行吸引方式主要是直接吸引。由于在外围区地铁线路密度较小，地铁的吸引范围逐渐增大，所以通过其他交通方式来换乘地铁的客流量逐渐增加。

（六）近期建设和远期规划相结合原则

依据建设期限，地铁线路网络的密度逐渐增大，车站空间距离逐渐减小，车站的吸引范围随着新建线路的增加而逐渐变小。

随着社会经济的进步，机动车数量逐渐增加，但道路的承载能力有限，会逐渐引起出行结构的变化。

由于中心区用地的变化和外围区的建筑容积率的加大，所以在近期和远期对交通出行会产生一定影响，城市的出行结构会产生较大变化。因此，交通衔接设施应该能够适应近、远期不同交通需求的规模。

（七）区分组团内外的公交与地铁车站配属设计原则

轨道交通主要服务于由城市组团、对外交通站场和大的交通吸引源组成的密集的交通走廊，形成带状交通区域。而道路公交是一个"开放性"的系统，更多地考虑网络覆盖范围，两者只是一个体系中两个不同的层次。道路公交线网的设计应区分组团内部与对外联系二者不同的客流服务对象，区内应提供一个较高服务水平的公交系统，而区外则可提供两种运输模式——公交、地铁或快速公交，其中以公交与地铁的相互衔接为主导模式，公交线路的设计应充分考虑乘客运送的空间转换需要。

（八）公共交通优先的原则

为建设一个安全、方便、经济的公交运输系统，需要不断提高公交的服务水平，对于运输而言，其主要指标之一就是行程时间。因此，对于公共交通而言，就需要在使用道路和交通设施上享有一定的专有权利。对于地面常规交通而言是公交专用道、公交优先信号等，对于地铁而言就需要在交通衔接设施上提供充分的用地，在地区中心或人口、交通密度高的地区应采取公交优先措施，采取与土地利用价值相协调的交通政策。

四、轨道交通站点的交通衔接设施规划

（一）轨道交通站点的交通功能分级

综合分析轨道交通各站点的区位、周边用地功能、道路交通功能、站点在线网中的节点定位以及可能承担的交通量，可以将轨道交通线路的交通功能划分为三级：综合枢纽站、枢纽站和一般换乘站。

1. 综合枢纽站

综合枢纽站是指位于城市对外的交通节点，能吸引多种交通方式汇集的客运中心地段的站点。它不仅包括与地面常规公交的衔接，还包括与长途客运、铁路客运甚至水上运输等多种对外交通方式的换乘，具有客流集中、换乘量大、辐射面广等特点。

2. 枢纽站

枢纽站是指轨道交通首末站或位于地区中心及换乘客流量大的换乘站，交通衔接方式相对复杂，辐射面较广，需要提供相应的具有一定规模的衔接设施。

3. 一般换乘站

一般换乘站是指轨道交通的一般中间站，主要包括步行和常规公交中途站的换乘点，换乘方式比较单一，如有条件也可设置相应的衔接设施。

（二）轨道交通站点的交通衔接设施规划标准

根据轨道交通站点的功能分级，结合其周边的用地条件，不同功能分级站点可以配建不同的衔接设施。各类轨道交通站点的衔接设施配置，见表3-1。

表3-1 各类轨道交通站点的衔接设施配置

站点功能分级	交通衔接设施				
	港湾式停靠站	公交首末站	出租车上落点	公共停车场	自行车存放场
综合枢纽站	○	●	●	○	○
枢纽站	○	●	○	○	○
一般枢纽站	●	○	○	○	○

注：●表示必须设置，○表示选择性设置

1. 港湾式停靠站

港湾式停靠站是公交停靠站的一种形式，是基本的交通衔接设施。一般换乘站及以上级别的站点必设或可设港湾式停靠站。其规模和设置标准应满足国家和地方法规、技术标准和相关规划要求。

2. 公交首末站

公交首末站分布应在现状首末站分布的基础上，结合对轨道各站点交通功能定位进行考虑，并满足国家和地方法规、技术标准的要求，与其他相关的城市交通规划相适应。

3. 出租车上落点

出租车上落点一般不单独设置，而是要与公交站点和公共停车场结合设置。这里的出租车上落点包括出租车营业站、停靠站以及路内上下客点等，其设置应满足国家和地方有关规范和技术标准的要求。

4. 公共停车场

公共停车场是与轨道交通衔接的重要措施，其分布应根据轨道站点交通功能定位分析进行规划,并与其他城市交通规划相协调。

5. 自行车存放场

自行车存放场是基本的交通衔接设施,在城市边缘地区、市区生活性道路以及自行车出行比例较大的其他城市地区附近的轨道站点,应设置自行车存放场,其规模和位置应结合站点周边地区的情况进行考虑,为自行车换乘轨道交通提供停放方便。

五、轨道交通与其他交通方式的衔接措施

(一)整合和优化公共交通系统资源,发挥公共交通的整体系统效能

轨道交通的特点是快捷、舒适、运量大,可实现站点间的直通客运;而常规公交的客运特点是方便、灵活,可将乘客送往城市的各个角落。应结合轨道交通和常规公交的客运特点,从公交站点和公交线网两个方面进行衔接。

第一,形成轨道交通与公交紧密衔接的公交换乘枢纽,实现立体化、零换乘。一方面,尽可能为客流量大的轨道综合枢纽站提供衔接公交站场用地,设置公交换乘枢纽,实现立体化衔接和"零换乘"。例如,南宁市轨道交通1号线的西乡塘客运站,通过设置公交换乘枢纽,不但能够辐射相思湖新区石埠、罗文等西部区域,还可通过往西方向的对外通道辐射金陵等地。另一方面,应根据轨道站点周边公交停靠站的分布,合理调整停靠站与站点出入口的距离,方便客流换乘。

第二,调整轨道交通沿线的公交线路,形成相互支撑、优势互补的公共交通网络,逐步提高公交出行比例。交通规划中应从"线、面"两个方面优化重组公共交通系统资源,实现常规公交与轨道交通之间的优势互补。公交线网优化不仅要减少与单独一条轨道线重叠的公交线路,还应通过研究减少与"十"字相交轨道网重叠的公交线路。在城市新建区、客流较大的边缘地区以及新建道路增加送达公交线路,密切轨道站点与主要客流吸引源的客运联系。

第三，以车站为核心，组织短途接驳巴士，加强对大型公建、主要居住区、大型农村聚居点等客流的聚集，延伸网络的辐射。例如，南宁轨道交通2号线的金象站。该站位于五象新区规划二级主干路与银海大道的交叉口，通过设置与五象新区快速公交系统（BRT）相衔接的公交换乘枢纽，以区域短途接驳巴士辐射周边大型居住社区和五象风景区。

（二）减少外围车流驶入城市中心区，设置停车和换乘（P+R）系统

为了减少城区外围车流驶入城市中心区，缓解市区道路的交通压力，规划应结合道路网的特点，在城市边缘地区的地铁枢纽站设置公共停车场或站点周边的物业开发设置地下停车库，形成停车和换乘（P+R）系统。

（三）设置自行车存放场，为自行车换乘提供方便

自行车是一种健康环保的交通工具，自行车交通的衔接主要侧重在城市边缘区和市区生活性道路附近的轨道站点设置自行车存放场。自行车存放场应设置在明显的可视范围内，并设有直通车站的专用自行车道，为自行车换乘轨道交通提供停放方便。另外，与轨道交通线相连接的城市生活性道路，在道路断面形式的改善和设计中应考虑增加自行车专用道的可能性。

（四）通过设置行人立体过街设施，为行人乘坐轨道交通提供方便

第一，设置轨道站点通往公交站场、公共停车站的直行通道，缩短乘客换乘距离。例如，在南宁轨道交通中，在1号线、2号线换乘的朝阳广场站设置通往规划的公交站场和公共停车场的地下通道。

第二，设置行人立体过街设施，引导行人充分利用轨道车站过街，实现人车分流。

第四章
城市轨道交通线路设计

第一节 城市轨道交通线路设计概述

一、线路

线路是轨道交通系统中非常重要的组成部分,按线路远期单向客运能力,可分为Ⅰ、Ⅱ、Ⅲ三个等级。每条线路运能,应通过客流预测分析确定。客流预测应按初期、近期、远期设计年限分别测算,初期为建成通车后第3年,近期为建成通车后第10年,远期为建成通车后第25年。同时,也应考虑整个线网的远景客流进行平衡性预测,经过综合分析,合理确定需求规模。

城市轨道交通线路是由各种不同材料的部件组成的,具有规定强度和稳定性,从而能保证列车以规定的速度平稳、安全、正点和不间断地运行的整体工程结构。城市轨道交通(以地铁、轻轨为例)线路由钢轨、轨枕、道岔、道床、连接零件和轨道加强设备等组成,其是城市轨道交通列车行车的基础,是城市轨道交通运营的重要设备之一。

城市轨道交通系统的线路具有不同类型,以地铁系统为例,地铁线路按照其在运营中的作用可分为正线、折返线、渡线、停车线、检修线、试验线、出入库线以及联络线等。

1. 正线

地铁运营是区间隧道,或护栏、地面、区间高架桥全部封闭的线路,一般为上下行双线,实施右侧行车惯例(日本、英联邦国家等除外)。例如,上海地铁规定,南北走向向北的为上行(正向);东西走向向东的为上行;环线内圈为上行。

2. 折返线

折返线是指在终点站或者中间站以方便列车掉头、转线以及存车等的线路。

折返线有以下三种折返方式。

(1)环形。环形折返线实际上已消除了折返过程,保证了线路的最大通过能力,节约了有关设备。但这种方式占地面积大、轮轨磨耗大、无法停放和检修列车,难以延长线路等。

(2)尽端式。尽端式折返线数量由检修作业量、代发车存车数量决定,需要检修的折返线上应设有检修坑。

(3)渡线折返。在车站前或车站后设置渡线完成折返,分为站前、站后、区间站渡线三种。但是单轨线路(磁浮)折返比较特别,需要利用专门设备如折返道岔来完成。

3. 渡线

在上下行正线之间(或其他平行线路之间)设置的连接线为渡线。

4. 停车线

停车线是指场内作业停放列车的线路。

5. 检修线

检修线是指设在车辆基地检修库内,专门用于检修列车的线路,设有地沟,配有架车设备、检修设备(如行车)。

6. 试验线

试验线是指设在车辆基地,用于对检修完毕的列车进行状态检测的线路。

7. 出入场线

出入场线是指连接车站和正线的线路。根据地铁列车运营和检修的需要,地铁列车出入车场的走行线一般为双行线。

8.联络线

联络线是指轨道交通线路之间为调动列车而设置的连接线路。

二、轨道交通线路设计的重要性

线路设计是城市轨道交通整个工程设计的"龙头",把握着项目的总体布局。在轨道交通前期线路总体方案研究中,线路设计应站在城市总体发展规划和轨道交通网络化规划的高度,结合现场具体工程建设条件,协调相关方利益,合理确定线路总体方案,避免后期设计阶段产生过大的反复。在初步设计阶段,线路需要通过平面、纵断面以及横断面设计,协调好众多相邻专业技术接口,精确确定线路的空间位置。

线路设计的优劣直接影响到工程投资、运营期客流量、运营成本、实施难易、与城市规划的衔接、与周边环境和景观的协调等。实践表明,论证充分、设计到位的线路方案是线路建设的基础。

三、线路设计的特征

要对城市轨道交通线路进行设计,就要了解轨道交通设计工作的基本职责及从事相关工作需要注意的问题,并对工作的特点进行预先了解。轨道交通线路设计具有整体性、复杂性、阶段性的特点,在开展设计工作时,要从城市的整体交通状况出发,考虑线路的规划问题,并综合考虑与之相关的影响因素。

(一)整体性

城市轨道交通设计工作需要首先掌握城市的基本交通状况,并对交通存在拥堵和不足的地区进行重点规划,从城市的整体布局上考虑线路经过的地区是否会对周边的建筑和居民产生影响。另外,轨道交通系统中存在交通控制,要对轨道交通的站点和车辆的通行时间进行整体性规划。整体性规划是城市轨道交通的基本工作,在设计中起到基础性作用。

(二)复杂性

城市轨道交通线路设计工作需要深入分析线路的整体状况,并对线路经过地区的地理特征进行预先的调查,在具体的设计工作中既要进行数据的测算和分析、绘制线路图，还要通过实地分析测量对线路图纸进行修改和设计，在工作程序上具有一定的复杂性，同时工作内容也要从全局考虑，细节较多，较为复杂。

（三）阶段性

在城市轨道交通线路的规划和设计过程中，可以按照工作内容的不同将设计工作过程划分为以下几个步骤：首先，要对城市交通的线路网进行规划和设计，并了解现有的城市交通系统；其次，要根据线路的设计开展建设可行性分析；最后，要对城市轨道交通线路进行总体分析，分析建设中需要的用料和基本的结构设计。在设计工作完成后，要将设计成果展示在设计图纸上。

四、轨道交通线路设计的发展方向

（一）线路设计融入城市发展规划

在单条轨道交通线路设计过程中，要遵循线网规划程序，因为线网规划是城市总体规划中的组成部分，所以城市轨道交通线路设计要与城市的发展步伐保持一致。然而，我国的城市轨道交通线网规划在审核和编制的过程中，需要耗费的时间较长，在审核时，城市发展是动态的，与设计初期无法保持一致。因此，城市的发展不能受到线网规划的限制。同时，还要及时与相关审核部门协调、沟通，确保城市轨道交通线网规划符合城市的发展方向。

（二）线路设计与城市空间综合开发利用相协调

要想使城市健康、有序发展，就要做好城市轨道交通线路设计工作，使其在空间上与道路交通相互协调，重视空间资源分配与利用研究工作。在与具有其他功能的城市空间协调的基础上，在空间上确定线路位置。因此，要在同时满足轨道交通线路规划和城市发展的前提下，适当调整线路规划理念和思路，使轨道交通与土地开发相结合。在特殊的情况下，可以根据实际轨道交通状况改变原有设计方案，对城市地上、地下空间进行合理、综合的开发，以此适应城市未来的发展需要。

(三)强化三维设计理念

狭隘的城市轨道交通线路就是两条线加一些线路标志,通过与建筑、桥梁、隧道等其他专业的多次配合和反复沟通,最终分部分呈现在人们眼前。如果能够在线路设计的过程中,考虑到这些因素,应首先在工程师的头脑里建立一种三维立体设计模型,然后通过科技手段反映在图纸上,包括地质条件、控制因素等,则可以大大减少设计的返工率,同时可以及时发现一些存在的问题。

(四)加强"网"的概念

单条轨道交通线路绝不是脱离整个线网而存在的,任何一条线路的调整,都会引起网内其他线路的变化,这是一种动态的、"拖泥带水"似的模式。作为线路设计者,应该认识到这种变化,并在设计中充分考虑这种变化。

对于换乘站,强调换乘线路的三站二区间设计,强调新增线路对正在运营线路客流的影响,这是"网"的一种体现;对两条线路并行段,强调客流的分流,也是"网"的一种体现;在城市轨道交通线路起终点,若有城际线或市域线与之换乘,强调行车密度的对称性,又是"网"的一种体现。强化"网"的概念,有助于设计人员更深刻地看到这种变化,从而指导线路设计工作。

除了城市轨道交通线网,还有城际网、市域网和城市BRT网等,如果能理顺网与网之间的关系,则有助于加深对所研究线路的总体性把握,有利于对某些重要方案的决策。

(五)践行"以人为本"理念

城市轨道交通线路设计的主要目的是方便居民的日常出行,设计时应以满足人的需求为基本原则,设计线路应满足区域内人群出行需要,线路的走向及客流量设计应科学合理,既能满足人们的出行需求,又能避免资源浪费。

(六)与城市区域间轨道交通对接

当前,我国城市轨道交通线路设计还处于以城市为基础的阶段,设计时往往仅考虑城市区域内线路设计。但是随着城市化进程加快，城市轨道交通建设数量不断增加，城市轨道普及必将成为城市发展的方向，城市轨道交通必定成为主流公共交通工具。因此，在设计时就可实现城市一定区域范围内轨道交通的多元对接，通过城市轨道交通与城际铁路、市郊铁路等现有铁路运输相互结合，实现相邻区域城市的轨道交通线路对接，有效促进城市轨道交通和铁路等一体化的发展和衔接。

第二节 城市轨道交通线路设计的主要内容

一、轨道交通线路设计的内容

（一）平面设计

在线路确定的情况下，对线路的平面位置、车站的站位以及全线的辅助线进行详细分析和计算，以最终确定线路的准确位置。平面设计包括线路的平面位置、车站位置、辅助线类型及其设计、平面设计计算等。

（二）纵断面设计

线路的纵断面设计是在平面设计的基础上，对平面设计进行检验和调整，最终确定线路在城市三维空间的位置。主要内容包括确定敷设方式和过渡段、分析控制点、方案设计、坡度计算以及制图等。尤其要注意在设计纵断面时应结合地质条件，尽量避开或少穿越不良地质层，降低施工和运营风险。

（三）横断面设计

城市轨道交通工程有地下、地面和高架三种敷设形式，其中地面和高架敷设形式对地面道路有着很大影响，因此，需要结合道路进行横断面设计。在地面道路中的横向布置，应结合道路两侧建筑情况，与既有或规划地面道路相结合。高架桥工程在道路中的布置一般有路中、路侧和机非隔离带等几种情况。对一些无法与既有或规划道路相配合的地段，需要结合高架桥工程对地面道路进行改造或对道路规划进行修改。

（四）辅助线设计

辅助线是为保证地铁线路的正常运营，实现列车的合理调度，并满足非正常情况下（事故、故障和灾害）组织临时运行和维修作业所设置的线路。在线位、站位稳定的基础上，根据运营方案要求，必须落实线路配线布局，包括联络线、折返线、停车线、出入段（场）线、单渡线等设置，才能保证车站规模稳定。

（五）调线调坡设计

调线调坡又称线路平面和纵断面调整。调线调坡设计是在对车站和区间竣工断面进行测量的基础上，根据结构侵入限界的情况，在不降低线路主要技术标准的前提下，对局部地段的线路平纵断面进行适当调整，作为修改轨道设计的依据和铺轨前施工整体道床的基准，以满足行车的限界要求，从而保证运营安全。

二、轨道交通线路设计步骤

1. 线网规划

轨道交通线网规划的主要工作是稳定线网中各线走向、起终点、换乘节点以及交通枢纽的衔接。

2. 控制性详细规划

根据轨道线网规划，结合城市土地利用规划和城市相关设施专业专项规划，细化轨道线网中的每一条线路方案和基本车站位置；稳定线路方案，控制好轨道交通走廊；落实需要配套的轨道车辆基地用地和轨道附属设施用地等。

3. 建设规划

在轨道控制性详细规划的基础上，继续深化和确定线路走向、敷设方式、车站分布和车站形式，明确轨道制式，明确起终点的延伸要求和分期建设情况，对重点和困难地段进行深入比选，保证方案具有可行性，同时研究轨道网络化资源共享问题。

4. 工程可行性研究

基本稳定线路走向、车站分布、辅助线形式及位置，初步确定线路平面位置、车站位置以及平面总图布置方案，基本稳定线路敷设方式和过渡段位置，初步确定地下车站埋深、高架车站轨面高度，优化完善线路纵断面等。

5. 总体设计

在进行城市轨道交通线路设计时，并非一定要进行总体设计，但是在设计时开展总体设计能够落实轨道交通线路设计的外部条件，确定线路以及站点的位置。另外，在开展总体设计时可以配合编制总体性文件，如技术要求和机电对土建的技术要求等，从而为下一阶段的工作做好准备。

6. 初步设计

在可行性研究报告基础上编制城市轨道交通初步设计，应明确其工程规模、建设目的、投资效益、设计标准等；对设计方案进行深化，并明确轨道交通设计线路上的拆迁、征地范围；详细分析设计内容，指出设计中存在的问题，并提出各项注意事项。初步设计深度应达到能控制工程投资、满足施工图设计编制、设备定货以及招标与施工准备的基本要求。

7. 施工图设计

轨道交通施工图设计是指把设计意图更具体、更确切地表达出来，绘成能够据此进行施工的蓝图。其任务是在扩初或技术设计的基础上，将许多比较粗略的尺寸进行调整和完善，考虑各部分的构造做法并进一步予以确定，解决各工种之间的矛盾，编制出一套完整的、能够据以施工的图纸和文件。

第三节　城市轨道交通线路敷设方式

一、地面线

地面线是指轨道敷设在地面上，有专用路基且两侧配有隔断设备的线路。在道路宽阔的地段或市郊，可采用地面线，其优点是造价比较低，其缺点是占用道路面积宽，噪声、振动对城市有影响，与其他道路交织时需采用立体交叉形式。因车辆段及综合维修基地都设置于地面上，因此，与之连接的一段线路宜采用地面线。地面线跨越江河时，如既有桥没有预留轨道通道，则需另建新桥。因为市区用地一般较为紧张，道路交叉口较多，干扰较大，所以穿越市中心的城市轨道交通线路一般很少采用地面线，在连接中心城与卫星城之间或城市边缘地带，应该尽可能创造条件，设置地面线，以降低工程造价。

地面线敷设时应注意以下几点。

第一，要结合沿线土地的使用性质，从长远规划上综合慎重考虑是否设置地面线，因城市轨道交通的行车密度大，地面线要防护隔离，这将隔断线路两侧的联系，并带来很大的噪声。轨道交通是百年大计，关乎城市的长远发展，不能只为节省初期的建设投资而忽略对沿线周围环境的发展造成的不良影响。

第二，在南方地区要充分考虑路基的防淹和排水问题，确保线路的运营安全。在进行设计时要调查搜集当地的暴雨积水强度，确定最小路肩高度。例如，上海轨道交通 9 号线要经过一处高压走廊，受高压线高度控制，局部线路由高架降为地面线。其路肩高度根据当地 30 年一遇的暴雨积水高度确定，并采取了一定的排水和保护措施。

地面线示意图，如图 4-1 所示。

图 4-1 地面线示意图

二、高架线

高架线是指轨道敷设在地面以上的高架桥上（梁底至地面高 H 不小于 5 m）的线路。在道路宽阔地段，因高架桥墩柱宽度一般不超过 2.5 m，故占用道路面积有限；若墩柱位于道路分隔带上，则几乎不影响道路交通，若无分隔带；也可将墩柱置于道路一侧。高架线的缺点是噪声、振动对城市有影响。另外，因为墩柱及梁体有一定高度，所以对采光通风和城市景观有一定影响。

设置高架方式，若工程处理得当，一般能够满足城市环境的要求。若高架线路设于道路中心线上对道路景观较为有利，并且噪声对周围环境的影响相对较小，在路口交叉处，对转弯机动车影响较小；若在无中间分隔带的道路上敷设时，则改建道路工程量大；若高架线路设于快慢车分隔带上，可充分利用道路隔离带，减少高架桥柱对道路宽度的占用和改建，线路一般偏向房屋的非主要朝向面，但缺点是噪声对一侧市民的影响比较大。

高架线设计时应注意以下几点。

第一，应了解道路的规划位置和净空要求，以确定高架桥的梁底高度和跨度；要与河道管理部门和水务管理部门协调，了解河道的规划宽度、防洪要求和通航等级，以便确定梁下的净空高度和梁的跨度。

第二，线位距离房屋较近的地段，要充分考虑噪声和振动对周围房屋的影响，可考虑设置隔声屏，采用减振效果好的道床。对噪声和振动有特殊要求的地区，可考虑改为地下线或采取绕避。

高架线示意图，如图4-2所示。

图4-2　高架线示意图

三、地下线

地下线是指轨道敷设在地面以下隧道内的线路。在道路狭窄、建筑物林立的城市繁华地段，应采用地下线。地下线均为隧道，对通风、照明、消防等设施的要求较高，但不存在对地面上环境的干扰，也不占用道路面积。在有利条件下，地下线置于道路范围之外，可以达到缩短线路长度、减少拆迁、降低工程造价的目的。敷设条件为地质条件好，基岩埋深较浅，隧道可以用矿山法在建筑物下方施工；城市非建成区或广场、公园、绿地（耕地）老旧街坊改造区，可以同步规划设计，并可以按合理施工顺序施工。

地下隧道根据埋深和地质条件的不同可分别采用明挖法、盖挖法、暗挖法、盾构法等施工方法；若在河床以下修建地下线，还可采用沉管法、盾构法等。

地下线设计时应注意以下几点。

第一，穿越河流地段时，要了解河道的现有河底高度和规划河底高度，然后根据隧道的施工方法确定隧道结构顶与河底的安全距离。

第二，要探明地下市政管线，以合理确定线位和站位，尽量减少管线拆迁改移。尤其对一些粗大的重要管线，如军缆、雨污水管等，因其搬迁困难、影响大、费用高，应尽量躲避。

第三，线路经过有桩基的建筑物时，要探明桩基类型和深度，以确定采用的施工方法和安全距离，并根据建筑物性质采取合理的加固保护措施，确保工程安全。

第四，线位尽量布置在城市道路红线以内，隧道体不要侵入道路两侧的地块，避免影响两侧土地的开发利用。

地下线示意图，如图4-3所示。

图4-3 地下线示意图

第五章
城市轨道交通站点布局

第一节 城市轨道交通站点的分类及特征

一、轨道交通站点的组成

（一）客流汇集疏散通道

客流汇集疏散通道的主要作用就是汇集和疏散客流，从而不断地与外界进行客流交换，同时也兼具行人过街的作用。出入口是车站的门户，一般布置在靠近地面交通集疏点（如道路交叉口）、著名建筑物、商业区、住宅区等客流繁忙但相对隐蔽之处。因为轨道交通的线路主要在城市道路下，所以一般情况下轨道交通站点应该至少具有两个出口在道路两侧。如果站点位于交叉口，则最好配备四个出入口。

（二）站厅层

站厅层是用于售票、检票、布置部分服务与控制设备的场所，是乘客候车、换乘或者疏散的主要场所。站厅层一般分为付费区和非付费区。在站厅层两端一般是设备用房、管理用房以及生活用房。根据客流的大小，在不影响客流集散的情况下还可以在站厅层设置商业用房。

（三）站台层

站台层就是轨道列车和乘客的直接接口，它提供列车停靠、起止，乘客上车、下车和候车的功能。站台的大小（长度、宽度）取决于远期预测的高峰小时的客流量。在站台层两端也配备有设备用房和管理用房，一般不设置生活用房。

（四）车站用房

车站用房主要包括设备用房、管理用房以及生活用房三个部分。

1. 设备用房

设备用房是安置各类设备、进行日常维修以及保养设备的场所，主要分为环境控制机房、事故机房、通信机械室、信号机械室、通信测试室、环控电控室、消防泵房等。

2. 管理用房

管理用房是车站工作人员的办公用房，包括车站控制室、站长室、票务室、业务室、广播室、会议室、值班室以及警务办公室等。

3. 生活用房

生活用房也称辅助用房，是为保证车站工作人员正常工作、生活而设置的日常生活用房，包括更衣室、休息室、茶水间、厕所等。生活用房在设计时一般只考虑给工作人员使用，不对外开放。

二、轨道交通站点的分类

（一）基于设置位置分类

按照车站与地面的相对位置，可分为地下车站、地面车站和高架车站。

①地下车站：轨道线路、站厅完全置于地下隧道中的车站。

②地面车站：采用独立路基方式的车站。

③高架车站：线路布设在高架工程结构物上，与地面道路交通互不干扰的车站。

（二）基于运营性质分类

按照车站在线路的修建位置和担负的运营功能，可分为端点站、换乘站、折返站、中间站、枢纽站。

（1）端点站：城市轨道交通的起始和终到站点。

（2）换乘站：由两条或两条以上城市轨道交通线路相交所形成的站点。

（3）折返站：在此站，列车转换线路并且改变运行方向。

（4）中间站：规模比换乘站小，主要为提高城市轨道交通的客流吸引量。

（5）枢纽站：大型的换乘中心站，方便多条线路的换乘。

（三）基于站台形式分类

（1）岛式车站：站台位于上行线路和下行线路的中间，可以为两个方向的上下车乘客提供服务，这种站台称为岛式站台，具有岛式站台的车站简称为岛式车站。

（2）侧式车站：站台位于上行线路和下行线路的两侧，站台只提供单方向的上下车服务，这种站台称为侧式站台，具有侧式站台的车站简称为侧式车站。

（3）岛、侧混合式车站：同时布设岛式和侧式两种站台的车站，称为岛、侧混合式车站。

（四）基于车站规模分类

城市轨道交通车站的规模主要根据远期预测客流和站点所处的位置决定。

（1）小型站：客流量较小，地处郊区或者人口分布密度较小区域的车站。

（2）中型站：客流量较大，地处市区或者较大居民区的车站。

（3）大型站：客流量大，地处大型客流集散点或者换乘枢纽的车站。

三、轨道交通站点的功能和定位

城市轨道交通想要完成一次运输任务，其实现场所必然是在车站，车站在完成运输服务过程中极其重要。就运营部门系统来说，车站不仅可以作为线路的分界点，也可以提供列车中转功能，并且车站既是行车安全和日常作业的检测场所，也是运营部门提供乘客购票服务和进行安全管理、保障列车安全的基础工作区域；就运营部门对外功能而言，乘客想要接受城市轨道交通服务就必须经过车站，然后通过车站才能进入轨道交通系统，在系统内完成乘坐和换乘之后到达目的地，车站是运营部门与乘客之间对接的唯一窗口。所有车站都有客运服务功能，在终点站和折返站有列车折返功能，在换乘站提供换乘功能。现代化的城市轨道交通站点还应具备购物、休闲等商业服务功能，概括起来，城市轨道交通的功能可以由三个层次组成，见表5-1。

表 5-1 车站的功能分类

功能	功能体现	辅助设施
基本功能	能够快速汇集和疏散乘客	站台、通道（楼梯、扶梯）、站厅、走廊及售检票设备等
辅助功能	能够有效地保证车辆运行	设备用房、管理用房
扩展功能	能够合理利用地理优势和土地资源	商业和餐饮业

综合考虑城市轨道交通的功能组成，我国城市轨道交通系统可以定位为，列车采用小编组方式加密开行并在固定线路上运营，满足乘客方便出行和安全便捷快速的要求，从整体上提高城市公共交通的服务效率和服务水平。

四、轨道交通站点交通需求特性

如果把一条城市轨道交通线路看作是由节点和路段组成的，则节点为车站，路段为各个车站之间的区间。对乘客的吸引和上车前的服务是由车站实现的，而对乘客的输送是由城市轨道交通列车在区间运行实现的。作为乘客换乘的节点，车站不仅要扩大客流吸引范围，与列车运营协调以缩短乘客在站候车时间，而且要创造便利的行走环境，提高城市轨道交通系统的服务水平。

（一）轨道交通站点客流吸引能力

城市轨道交通站点一旦布设，就会在站点周围产生一个影响范围，在这个影响范围内乘客出行均会考虑以城市轨道交通作为交通工具。根据对选择乘坐城市轨道交通出行的居民调查和分析，将城市轨道交通站点对客流的空间影响范围、影响区域分为直接服务区和辐射区。出行者处在不同的影响范围内，其出行时间和便利程度都将有很大不同。

1. 轨道交通站点客流吸引范围

直接服务区是指出行者步行就可以到达城市轨道交通站点的客流分布范围。在一些大城市，步行到车站的大部分乘客（约占98%）所需时间不超过15 min，大约在800 m的半径区域内，在此范围内，出行者选择其他交通方式所节省时间的效果并不明显。

在直接服务区内，出行者对于步行到达站点的时间均能接受。但是并不是在直接服务区内的所有出行者都会选择城市轨道交通作为出行工具，在现实生活中，考虑到出行时间、个人喜好等影响因素，人们对交通方式的选择呈现出多样化。不同的出行条件下，人们对交通方式的选择也会有所不同。但一个站点的客流吸引量的大小和直接服务区内的客流出行强度紧密相连，直接服务区所吸引的客流是一个站点客流量的主要来源。

辐射区是出行者通过自行车、常规公交、小汽车等交通方式换乘到城市轨道交通的客流影响范围。辐射区影响范围的大小主要取决于站点所在城市的位置及其服务功能，并且与其他交通方式衔接和协调的便利程度密切相关。辐射区的区域受上述因素的影响为800～2 000 m。

辐射区内，乘客到达站点都要通过换乘其他交通方式来实现。在一次从起点O到终点D的出行过程中，如果在城市轨道交通之前有除步行之外的其他交通方式参与，那么都可看作辐射区的客流换乘。辐射区的影响范围在市区和郊区有明显的差别，在市区由于路网较多和人们选择交通方式的多样性，辐射区的范围偏小。而郊区的站点，其沿线的土地开发强度低，人口密度不大，因此，站间距比市区大，从而站点的辐射范围比较大，而且远距离的出行者考虑到城市轨道交通的各种优势，也会优先选择轨道交通作为出行工具。在乘客选择城市轨道交通作为出行工具时，从起点到车站的过程中，直接服务区会以步行为主；而在辐射区内会选择自行车、常规公交等方式换乘到城市轨道交通，从而构成了乘客出行的多种方式组合，产生了不同的出行成本。

2. 轨道交通客流吸引力

城市轨道交通和常规公交一起构成了城市主要的公共交通工具。城市轨道交通站点吸引大量的客流，有利于提高城市轨道交通在公共交通客流分担的比例，从而发挥城市轨道交通在城市公共交通系统中的骨干作用。

判断城市轨道交通站点吸引力大小的公式由雷利法则而来，这个法则主要用于确定两个城市之间相互吸引力的大小，因为城市轨道交通站点的吸引力和两个城市的相互吸引力比较相似，所以可以用来反映两个站点的相互作用关系。城市轨道交通站点对出行者吸引能力的大小主要表现为乘客对于各站点选择意向的程度，而出行者对于城市轨道交通站点的选择，则侧重于选择站点对其出行效果的有利程度来决定。从出行者的角度来说，这种程度体现了城市轨道交通站点对于出行者的吸引力。

（二）城市轨道交通列车在站特征

由站点吸引的乘客选择城市轨道交通出行时，通过车站来完成出行过程的上下车作业。乘客在车站的候车时间和城市轨道交通列车的运营组织密切相关，城市轨道交通列车的发车间隔、在站停车时间等都会影响乘客的出行时间。这些特征既要满足乘客的需求，也要能够提高运营效能。

1. 车站间隔时间

车站间隔时间也称发车间隔，对一个车站来说，是指从上一列车离开车站到下一列车进入车站之间的最短间隔时间。发车间隔的大小与出行者在车站的候车时间成正比，发车间隔越小，单位时间内发出的列车就会越多，出行者的候车时间也就越小。

车站间隔时间越小，对乘客而言，候车时间就会缩短，整个出行成本会降低。对城市轨道交通运营商来说，发车间隔越小，配置的车辆数就会相应增多，整个成本也会升高。由于列车进出站过程中需要减速制动、停车、加速等作业，为了避免停站列车对后续列车作业产生影响，因此，车站最小间隔时间 $T_{车站}$ 应满足下列表达式：

$$T_{车站} = T_{减速} + T_{加速} + T_{启动} + T_{进路时间}$$

列车间隔时间是表示列车发车频率的指标，在客流高峰时段，通过调整发车间隔，可以提高城市轨道交通单位时间的乘客运输能力，缓解客流拥挤和乘客站台候车时间。相对个别乘客来说，其在车站的候车时间主要由到站时间决定，而相对整个乘客群体而言，候车时间取决于列车的发车间隔。候车时间是乘客出行时间成本的一个重要环节。

2. 车站停留时间和乘客上下车时间

乘客的上下车作业是在列车停靠站台时段内完成，停留时间的大小对乘客的出行质量会有很大影响。若停留时间过短，会使许多乘客没有时间上车，并且会造成拥挤抢行；若停留时间过长，会导致乘客出行成本升高，削弱城市轨道交通的客流吸引力，并且也不利于城市轨道交通运营。

$$T_{停站} = t_0 + [(X \bullet W \bullet t_m)/(L \bullet D \bullet t_h)] + t_1 + t_2$$

式中，$T_{停站}$ 表示城市轨道交通列车在车站的停靠时间；t_0 为列车停稳至开门时间；X 表示该站单位时间（取 1 h）单向上下客人次；W 表示车内乘客和站台乘客分布不均造成的影响系数；t_m 为每位乘客上下车所需时间；L 为车门通道数；D 为每列列车车门数；t_h 表示该方向每小时开行列车数；t_1 为车门关闭时间；t_2 为车门关闭至列车驶离时间。

乘客上下车时间是列车在站停留时间的重要组成部分。假定在列车车门宽度和车门数量一定的情况下，分析乘客上下车的特征和影响因素。

上下车的时间和人数有关，但并不是线性关系，一般随着上下车人数的增多，时间会相应变长。由于乘客上下车所处的环境和条件不同，因此在研究车站乘客上下车的时间特征时，可以分上车和下车两个方面来分析。在上车过程中，乘客上车所用时间与车门处人数多少密切相关。

（三）轨道交通车站资源要求

城市轨道交通车站是实现客流集结、疏散的关键节点，乘客从站内到站外，从站外到车站，对车站内部的服务设施和车站外部公共空间的服务设施都会有所要求。

1. 车站站内设施的布置要求

城市轨道交通车站担负着集散客流的任务，为了快速、安全、高效地服务乘客，车站设施也要满足以下要求。

（1）功能匹配性要求。车站所处的地理位置决定了其容量规模。列车运营能力及发车间隔对车站的站台服务乘客能力、疏导能力、出口通道的容量以及检票能力等都提出了相应要求，对应的车站服务设施应满足所需的空间和面积。

（2）实用性要求。城市轨道交通车站的建设费用非常昂贵，因此，车站的空间设置不能浪费资源，并且能够为乘客提供高品质的服务。进出车站的乘客都是通过城市轨道交通实现空间的转移，虽然在车站停留时间很短，但车站设施的服务会影响乘客的舒适程度。各种简明易懂的指示标志，步行换乘的便利程度，无障碍服务走廊的设置等都会给乘客带来良好的乘坐体验。

（3）安全性要求。城市轨道交通担负着非常大的公共交通客流，车站设施的安全程度对于提高城市轨道交通的客流吸引量有着直接作用。做好车站安全工作，在车站发生紧急情况时，可以采用备用设备和解决方案来保证乘客安全。

2. 车站区域的设施布置

城市轨道交通站点周围的土地利用结构和交通环境，对于提高城市轨道交通的可达性有着显著效果。为了提高城市轨道交通的吸引力，除了与已有交通系统的合理衔接外，通过改善站点区域的交通设施和公共空间规划，最终使城市轨道交通站点区域达到土地利用和交通一体化的发展。可以从以下四个方面来分析站点区域设施布置情况。

（1）站点周围的慢行交通。因为站点附近区域都处在直接服务区范围内,这部分区域的客流是城市轨道交通客流的主要来源,所以在此区域内主要布置适宜步行和自行车出行的友好型交通环境。为了提高慢行交通出行者的舒适性,可以在站点周围设置短时间休息的公共设施,并且优化车站周边的景观。

为了防止机动车流与慢行交通出行者在站点区域内发生交通冲突,在某些方向或者时段可以限制机动车通行。在商业设施发达、人口密集的区域,可以修建一些人行通道。对于常规公交与城市轨道交通的换乘客流,可以根据其换乘行为在站点区域设置相应的人行通道设施,便于疏导和组织客流。

(2)站点区域的停车设施。对于自行车出行者,适当规划部分自行车绕行路径和便利的停车设施,使自行车也可以和城市轨道交通之间衔接起来。因为城市轨道交通不能承担所有的交通出行活动,所以和其他交通方式的换乘衔接对其发挥骨干运输作用有很大帮助。因此,自行车、私家车等都需要良好的换乘设施。应将停车设施与慢行交通、空地绿化等公共空间结合起来,构建和谐的停车环境。

(3)站点区域的网络规划。为了提高城市轨道交通系统的客流吸引量,应合理安排各种交通方式在城市轨道交通站点区域的换乘衔接,协调步行、自行车、小汽车、常规公交等各种交通方式,在合理满足机动车通行的基础上,为步行出行者提供一个安全和舒适的出行环境。除了规划专用步行通道外,也可以布置多功能道路,以保证慢行交通出行者的出行条件。另外,在医院、学校等站点区域,需要对道路进行宁静化处理,使用减速带和警告标志灯等,减少噪声对这些单位的影响。

(4)站点区域导向标志。交通导向标志在城市交通中发挥的作用毋庸置疑,其不仅可以引导各种交通工具正确行驶,还能引导出行者准确、快速地找到目的地。在站点区域采用导向标志,主要是保证各种交通工具能够合理有序运行,减少盲目行驶对出行者的时间浪费和对其他交通方式的干扰。这些标志主要有步行区域标志,各种交通方式的停车引导和停车标志,轨道交通站点标志,地面标线和减速、限速标志等,这些标志对提高出行者的认知程度有非常大的帮助。

第二节　城市轨道交通站点设置影响因素

城市轨道交通站点设施建设的分布与城市的发展水平、整体规模、土地形态、利用现状、人文环境以及客流分布等方面都有很大的关系。考虑在某一位置设置站点时，要充分考虑该位置范围内的土地规划用途和该点范围内的居民出行要求以及平均出行距离大小，与城市规模和经济水平相适应，以较小规模的轨道交通网络完成较大的乘客输送功能；要满足城市地形、地质、历史文物等条件的限制要求，并考虑投资费用和运营收益。

一、城市规模和经济水平因素

对城市规模的描述可以从人口、用地以及经济三个方面进行。一个城市每天的总交通出行量是由该城市的人口数量决定的，城市人口数量和每天的出行人口数量成正比。居民的平均出行时间和平均距离主要是由乘客所在区域的用地规划和规模决定的，一般道路环境较好，花费在出行时间和距离上的成本就会比较小。城市经济发展水平和城市的经济总量又是关乎城市轨道交通工程能否有资金投入，能否确保顺利完成的重要因素。综上所述，城市发展规模、人口数量多少、经济发展状况等决定着该城市的交通状况，势必还会影响城市轨道交通规划的线路总数和车站位置的确定。为了取得更好的运营效果，城市轨道交通系统本身需要巨大的客流补给，在考虑设站位置时，要将影响区域内的人口规模考虑在内，防止设站后不能满足轨道交通大客流的要求。

二、城市形态和土地利用因素

一个城市的整体布局形态和城市的土地用途，对站点位置的确定和布局有很大影响。而城市的整体布局形态既有像兰州一样的带状发展模式，也有像成都一样的中心组团发展模式，还有像武汉一样的分散组团式的发展模式。不同的城市形态和土地利用性质，对乘客出行时间和出行距离都有影响，同时还会影响轨道交通线路的位置分布。以兰州为代表的带状的城市轨道交通线路主要沿城市带状走向进行规划。以城市轨道交通线路上各个站点为基础横向发展的模式比较多，但这种形态的城市主客流方向比较单一，站点设置也呈现出一个带状结构。分散式发展的城市要能利用城市轨道交通线路相互建立联系，减少各个组团城市之间的出行时间。因为各组团间的交通需求不尽相同，所以影响到车站在线路上的规划布局。团状结构城市站点布设则要考虑中心城区线路与城郊线路均衡发展。

三、客流分布形态及列车特性因素

城市客流是一种动态客流模式，每个个体的出行目的和出行时间具有不确定性和独立性，这也是城市客流在出行时间分布和出行目的地分布上不均匀的原因。对整个城市轨道线网而言，其表现在每条线路上上下行人数的不同及同一线路上不同断面和不同车站的客流不同，而在出行时间上表现为同一天有可能客流高峰期的出现时间不同，进入车站乘客和离开车站的客流不对等。正因为客流的这些不确定性，所以在进行站点规划时，必须弄清某一区域内远期客流的情况，才能按要求确定站点位置和规模，为居民出行提供有力保障。

列车特性表现在车辆的长度和整个列车编组辆数，能够承载乘客的最大人数、列车正常运行的速度以及进出站时的制动启动能力。车站长度主要是由每节车辆的长度和整列车编组的车辆数决定的，车站的规模主要是由预测进入车站的高峰小时客流量及列车所能搭载的最大乘客数量决定的。为了让列车能够最大限度发挥自身的特性及优势，两站之间的距离较大可以减少车辆在一次运行过程中列车进出站刹车的次数，能够保证列车在整个区间内运行的时候达到最佳速度。但是，站间距过大又会影响乘客的换乘方便性和乘客乘坐轨道交通的积极性，因此列车特性对站点设置的影响只能作为参考。

四、城市人文地理环境因素

在设置站点过程中，要注意对一些可能涉及的古老建筑和物质文化遗产的保护。站点外观的设计风格不能和所处位置的文化发生冲突。在设置城市轨道交通的地区一般不会涉及自然保护区，因此，主要考虑对名胜古迹的保护。敷设轨道交通线路时可能会涉及一些地下水保护区域，要尽量避开类似的区域，以免影响施工，并且还有可能污染水体。对一些地质结构复杂且不易施工的地段要提前标注，在规划轨道交通线路时尽量避开这些区域。尽量避开地面标志性建筑物及地下设施，降低整体施工的难度。

第三节 城市轨道交通站点规划布局

一、轨道交通站点规划特点

（一）综合枢纽站

城市轨道交通车站如果与对外交通枢纽或常规公交枢纽结合则会形成综合性客运枢纽，这样的站点称为综合枢纽站。综合枢纽站一般是集居住、商业、娱乐等功能于一体并能够完成多种交通方式换乘，交通功能与生活服务并举的区域。规划综合枢纽站时注意考虑为乘客提供集散空间、完善交通接驳设施、优化步行环境，确保轨道交通与其他各种交通方式的便捷换乘，在枢纽内部实现"无缝"换乘，提高出行便捷性。为了实现地上地下的协调开发，应对发展空间较大的站点进行以交通功能为主、配套服务为辅的地下空间的综合开发，充分发挥站点功能。

（二）交通接驳站

交通接驳站与城市各级道路网络紧密结合，一般位于城市道路网络的咽喉部位或重要的交通转换点。该类车站具有道路网络辐射，吸引乘客能力较大的特点。交通接驳站凭借轨道交通的高效、快捷便利性吸引大量周边区域人流在此换乘，有效缓解进入中心城区的各类交通流量。此类车站的规划功能是以小汽车和常规公交换乘为主。

（三）片区接驳站

片区接驳站是常规公交枢纽及城市各级商贸服务中心区、大型居住区等与轨道交通车站结合的客运枢纽。片区接驳站的主要功能是做好交通服务，因此，对于换乘要求并不是很高，可通过轨道交通和周边土地的协同开发形成区域性的交通枢纽和经济中心。为了给乘客提供便捷、通达的步行环境和高质量的公共生活空间，片区接驳战要注重车站与周边建筑的综合开发。

（四）一般换乘站

在一般换乘站站点中，常规公交站点与片区、商业区和居住区及轨道交通车站靠近，是能够实现乘客快速换乘的站点。此类站点规划中要注重设计通达的步行环境，引导乘客快速通行，以片区交通服务为主，以站点为核心，配套公共服务和交通换乘设施，以车站出入口为主要客流集散点并设置适量规模的自行车存放处。车站出入通道的设置要满足行人过街要求，也可以将车站的出入通道开发为地下商业街，开辟收益通道，考虑车站设置与周边建筑、交通接驳设施的配合，防止出现设计不匹配的情况。

二、城市轨道交通站点规划布局的原则

城市轨道交通的客流是依靠车站来吸引的，因此，车站位置选择是否合适，将直接影响车站对客流的吸引力和城市轨道交通在城市公共交通中发挥的作用。因此，车站在城市轨道交通中的作用十分重要。

第一，站位选择是一项复杂的系统工程，需要深入的专项设计，因此站位选择只能作为下一步深化研究的参考，并无严格遵守的要求。

第二，站位选择体现"以人为本"的原则，突出客流吸引和规划协调发展的合理性。

第三，必须建设地铁线网内的换乘站，并尽量满足直接换乘条件。

第四，在车辆运行、旅行速度、客流吸引等几个条件的影响下，城市中心区地铁站间距应控制为 800~1 500 m，有条件的地方应控制为 1 000~1 200 m。

第五，地铁车站直接吸引范围内（半径 800 m），土地利用尽量规划为商业、金融、行政、文化、商住等高密度使用的用地，或者是土地发展潜力巨大的用地。

第六，车站应靠近路口，除平行道路外，垂直道路条件也非常重要，这些将关系到车站直接吸引范围的覆盖范围。

第七，车站设置应尽量靠近客流集散点，如有可能还要靠近长期形成的既有交通枢纽，以符合周边居民出行习惯。

第八，车站设置应尽量结合原有车站，一方面有利于降低工程投资，另一方面有利于提高客流认知程度，尽快形成客流规模。

三、城市轨道交通线路及站点规划设计的影响

在城市交通线路和站点的分布情况并不明确的情况下，对线路进行设置和布局，主要依据的是城市原有的轨道交通路线和站点布置情况。而在对城市轨道交通路线和站点布局十分明确的情况下，需要综合考虑站点的社会发展方向，依据国外城市轨道交通路线和站点规划经验，实现对我国城市轨道交通路线和站点的规划设计。

一般来说，对轨道交通站点布设应遵循以下原则：①尽可能把车站布设在大型客流集散点，而且要有便捷的进出站条件。②通过与既有道路交通线网配合，把换乘条件放在首要位置上。③绕过地质不良的地段，并且把对周围环境的干扰降到最小，兼顾城市土地开发和站距的均匀性。

（一）对吸引客流和乘客出行时间的影响

对于轨道交通的线路，如果站间距小，不仅可以把部分步行吸引范围外的客流吸收到吸引范围内，还可以把更多的客流吸收到客运站。另外，小的站间距虽然增加了换乘节点，但是从轨道交通吸引的总客流量来说，不仅提高了乘客交通出行选择的灵活性，而且也使总客流量得到了增加。

（二）对工程造价、运营和沿线土地开发的影响

如果从工程造价角度来分析，减少车站便可以降低投入。增大站间

距可以达到减少车站数量的目的，从而减少对车站的投资。不过这样也会使客流量向临近车站转移，导致邻近站规模被迫增大。从列车行驶速度来看，车站间距大，列车运行速度快，而列车周转时间与旅行速度成反比，因此，假设发车间隔不变，所需的列车数量就会相应减少。而站间距小则相反。如果采取大站间距的设站模式，也会适当减少车站配套设施和管理维护人员，从而减少了运营费用。从沿线土地开发角度来看，较多的车站可以进一步带动沿线的土地开发，其显著特点便是周边土地升值，可以给沿线区域带来更广阔的投资前景。

（三）对城市轨道交通与其他交通方式衔接的影响

城市轨道交通是城市交通的主导方式，应与其他交通方式相互配合。城市轨道交通与其他交通方式换乘存在的主要问题，体现为轨道交通与其他交通方式衔接的协调性不高。目前，存在的主要问题就是公共汽车的线路走向和站位不能很好与轨道交通车站相配合。

（四）对城市空间结构和城镇体系布局的影响

从车站分布对于城市的影响来看，大的站间距可以优化城市土地利用空间结构，以轨道交通车站为核心形成具有相当规模的城市次中心，使城市发展模式由单中心结构转向多中心结构。如果站间距设置过小，不仅降低了列车速度，增加城市基础建设、城市管理和公共交通等组织管理的难度，而且还会导致城市"摊大饼"式发展，造成城市土地集聚效应下降，使得"葡萄串"式的开发效应难以发挥出来。

第六章
城市轨道交通车站设计

第一节 城市轨道交通车站建筑设计

一、车站的定义和组成

（一）车站的定义

车站是城市轨道交通系统最重要的组成部分，既是乘客上下车、换乘的场所，也是列车到发、通过、折返、临时停车的地点，还是各工种分工协作的生产基地。

与国家铁路相比，城市轨道交通车站的行车作业流程相对比较简单，不进行办理货运和列车编组作业，也很少办理越行和会让作业。但因为城市轨道交通车站设置在城市内部，所以其空间结构设计、施工方法比国家铁路车站更为复杂。

轨道交通车辆一般采用高地板设计，这就要求车站也必须采用高站台形式，保证乘客水平进出车厢。这些都区别于公共汽车站可"任意"设置在人行道上，而要将车站设置在地铁、轻轨线路的一定位置，并要进行专门设计。不同于城际交通上的铁路，城市轨道交通服务于城市，列车停靠时间短、进出站频率高，乘客候车、滞留车站内的时间也比较短，因此，乘坐地铁、轻轨的乘客都希望进入车站就能很快上车。有别于火车站，城市轨道交通的车站不专设候车区，例如，巴黎、纽约很多地铁站站台均是直接通过楼梯或自动扶梯连通人行道。

（二）车站的组成

1. 乘客使用空间

乘客使用空间是直接为乘客提供乘降、集散和候车服务的空间，是车站的重点区域之一。乘客使用空间的设计涉及车站总平面布局、车站平面和结构横断面的形式、功能布局、人流路线组织等方面的问题。乘客使用空间可以从不同的角度进行划分。

（1）非付费区和付费区。为了区别乘客的乘车权限，乘客使用空间又可分为非付费区和付费区。站厅层的检票闸机以内部分和站台层属于付费区，站厅层检票闸机以外部分及出入口和通道层属于非付费区。

非付费区是指无乘车权限的区域，用来连接轨道交通外部系统，以检票闸机为界限，乘客通过进站检票闸机之前或通过出站检票闸机后即进入非付费区。车站站厅内会设置一定的空间布置售检票设施。根据需要还可设银行、公用电话、商店等设施。非付费区的最小面积一般可以参照能容纳高峰小时 5 min 内可能聚集的客流量进行推算。

付费区是获得乘车权限的区域，连接的是列车和线路。付费区以检票闸机为界，付费区内设置站台、楼梯和自动扶梯，为停车和乘客乘降提供服务。

（2）功能区域和设备。乘客使用空间可以根据服务环节划分为多种功能区域，如出入口区、售票区、检票区、信息服务区、楼梯区、通道区和候车区（乘降区）等。其中，售票区、检票区、信息服务区、候车区（乘降区）等提供票务、信息和乘车等客运服务的区域称为服务区域，出入口区、楼梯区和通道区等连接不同厅层和服务区域的区域称为连接区域，也可以称为步行空间。

2. 车站用房

车站用房是车站管理和运行所需的空间，包括运营管理用房、设备用房和辅助用房三个部分。

运营管理用房是为保证车站具有正常运营条件和乘车秩序而设置的办公用地，由日常工作和管理的部门及人员使用，直接或间接为列车运行和乘客服务，主要包括站长室、行车值班室、广播室、会议室、公安保卫和清扫员室等。

设备用房是为保证列车正常运行，保证车站内具有良好环境条件及突发情况下能够及时排除灾情不可缺少的办公用房，主要包括环控机室、变电所、控制室、通信机械室、信号室、泵房、票务室、工区用房、附属用房以及设施等。技术设备用房是整个车站的心脏所在地，这些设施与乘客无直接联系，一般设在距离乘客较远的地方。

辅助用房是为保证车站内部工作人员正常工作生活而设置的用房，主要包括厕所、盥洗室、更衣室、休息室、茶水间以及储藏室等。

3. 车站附属建筑

车站附属建筑设计的地面站房、出入口以及风亭均需结合所在地区城市规划，其地面部分的立面设计要做到简洁、大方，与周围环境相协调；出入口应考虑兼顾市政过街功能，出入口的数量应根据车站情况并按照车站远期预测客流量计算确定，一般不宜少于四个。当车站客流量较小时，可酌情减少，但不能少于两个，车站出入口通道总宽，应以车站远期预测超高峰小时乘降量计算确定，与自动扶梯或楼梯相连的通道宽度必须与其通过能力相匹配，兼作城市过街道的车站，其宽度应根据过街客流量加宽，同时满足在灾害情况下紧急疏散的要求。车站出入口分布要力求合理，最大程度吸引各方向客流，方便乘客乘降和换乘。车站出入口和风亭应尽量与周围建筑相结合，充分考虑城市景观的要求，地面的出入口、风亭的体积尽量减小，造型力求美观，与周围的建筑风格协调。

二、城市轨道交通车站布置

（一）车站设备和管理用房的分类及平面布置

1. 车站设备和管理用房分类

（1）车站设备用房。车站设备用房包括通风与空调系统设备用房、强弱电系统设备用房、给排水与消防系统设备用房。其中，面积最大的是通风与空调系统设备用房，含区间通风机房、环控机房、冷水机房、环控电控室、小通风机房等。强弱电系统设备用房主要有降压变电所、牵引变电所、配电室、通信用房（含通信机械室及电源室）、信号用房、公网引入室。给排水及消防系统设备用房主要有消防泵房、污水泵房及废水池等。

（2）车站管理用房。一般设有车站控制室、服务中心、站长室、交接班室（兼会议室、餐厅）、警务室、更衣室、男女厕所、茶水间、清扫间、垃圾堆放点等。

2. 车站设备和管理用房设置

（1）根据各系统的工艺要求，房间布置必须满足车站设备的使用功能。环控电控室应靠近环控机房设置，小通风机房靠近新风道和排风道，可与环控机房合并布置。通信、信号用房靠近车站控制室设置，降压变电所宜设在站台冷水机组一端。牵引变电所尽量设在站台层，照明配电室在站台、站厅应各设2间，靠近公共区。污水泵房设在厕所的下方，废水池设在站台层的最低端，墙面应保留控制柜、管道安装条件。

（2）根据车站运营需要，同时考虑乘客的人性化服务理念。车站控制室设在站厅层客流多的一端，服务中心尽可能设在出入口闸机附近。站长室设在车站控制室旁，警务室靠近站厅公共区集中设置。男、女公厕设在公共区非付费区内。交接班室、茶水间、更衣室都设在站厅管理区内部。清扫间在站厅、站台层各设一间，可利用楼扶梯下部空间。垃圾堆放点结合出入口公厕布置。

（3）车站设备和管理用房在满足工艺和运营需要的前提下应归类布置。用于值班的设备和管理用房尽量设于车站的同一端，设备和管理用房分别设于车站两端，并呈大、小头形状布置。根据车站实际运营情况，车站环控的大、小系统运行特征和列车的运营时间有关。一般夜间车站停运时，车站环控大系统应停止运行，只有少数管理用房仍需使用空调系统。因此，应将停运后仍需使用环控小系统的设备和管理用房集中布置，以达到合理节能的效果。

(二)地铁车站站厅公共区布置

地铁车站站厅层设计时,应满足远期设计客流量的需求,对车站客流进行合理组织,最大限度避免或减少站内客流流线的交叉和干扰。其规模除应按车站远期设计客流量的需求确定外,还要满足发生灾害时的紧急疏散要求。

根据地铁运营、组织客流以及运营管理的需要,地铁车站站厅分非付费区和付费区。非付费区内应设售票设备、检票设备、公用电话、银行等。付费区内应设通往站台层的楼梯、自动扶梯,通道或站厅换乘车站还应设通向另一条线路车站付费区内的换乘通道或换乘厅。当站厅中间为付费区,两端为非付费区的布置形式时,在一侧应设置宽不小于2.1 m的非付费区联络通道。

(三)地铁站台公共区布置

地铁车站站台上的楼扶梯和各种服务设施一般不得侵入站台有效宽度范围内,以保证站台宽度满足上车乘客等候和下车乘客疏散的需要。站台上的楼扶梯布置应尽可能均匀,使每节车厢的乘客走行距离尽量均衡,避免乘客在站台上长距离行走,以避免不安全因素和客流交叉干扰。

地铁车站站台两端布置的设备和管理用房,其伸入站台乘降区部分不宜超过半节车厢的长度,且不得侵入侧站台的最小规定宽度。

(四)车站标识及导向设计

标识及导向系统是体现地铁车站信息的重要因素之一,大多利用简单的文字、图形、色彩等措施组成指示标牌。指示标牌应设立在醒目的位置,把最全面、最清晰、最易懂的车站信息提供给各层次的乘客,使乘客能够有效、便捷、轻松地阅读信息,从而得到指引。

为了更好提高轨道交通运营效率和服务水平,地铁站内交通导向标识系统可以从以下三个方面进行完善。

1. 站外导向标识

站外导向标识主要起到指引、确认的作用,一般设置为地铁指示牌、与其他交通方式的衔接换乘指示牌等。建议在车站500 m左右至车站出入口增设连续的导向标志牌,将外部乘客有效地引导至地铁站进行乘车。

2. 站内导向标识

站内导向标识主要是引导乘客上、下车,进、出站等一系列的行为,也是目前设计较为侧重的方面。站内标识要做到连续、间隔均匀、指向明确,导向的信息量要少而精、简洁明确、重点突出,使行人在短时间内可以快速判断自己的行进路线,避免拥挤、盲目寻找以及从众行为的发生。

3. 站内外导向系统的合理衔接

站内外导向系统的合理衔接是导向设计非常容易忽略的地方。乘客在地下空间内方向性比较差,结合人的心理特点,乘客在陌生环境下往往比较紧张。因此,乘客在选择出站路径时最容易发生行走折返、重复询问等现象,如在付费区流线范围外的合理位置及非付费区每个出入口、通道口增设导向信息栏,尽可能全面地反映每个出入口地面周边的道路、建筑物、换乘接驳信息,乘客就可以根据信息选择最合理、最便捷的路径。

人性化的标识导向设计可以大大方便乘客的出行,能够帮助乘客准确快速地识别并到达目的地,有助于在地铁站内形成良好的客流秩序,同时也是消防灾害情况下乘客安全疏散的重要保证。

(五)建筑设备

1. 地面供暖设备

铁路乘客车站一般体形和空间较大,因此,采用低温热水地面辐射供暖具有良好的适用性、舒适性和节能效果。低温热水地面辐射供暖系统应符合国家现行标准《辐射供暖供冷技术规程》(JGJ 142—2012)的相关规定。因为地面供暖散热均匀,地面温度高于上层温度,所以设计温度要比普通供暖方式低2℃,但由于热效率比较高,符合人体功能要求,仍然会给人以舒适的感觉。另外,在减少能源消耗方面,有关研究资料指出:室内温度每降低1℃,相应可以减少10%左右的能源消耗量。因此,供暖面积较大的铁路乘客车站,应采用低温热水地面辐射供暖,以达到节能效果。

2. 空调设备

大型、特大型和一些中型乘客车站中空调系统的能耗，在建筑能耗中占有相当大的比重。如何在满足使用功能的条件下，采用先进的节能技术和设备，合理设置和分布空调通风系统，对减少能源消耗起着非常关键的作用。"置换通风"具有低风速、低紊流和新鲜空气直接送入人员活动区域的特点，因此，舒适性比较高，适用于特大型、大型和一些中型乘客车站等具有高大空间的建筑。因为置换通风仅对人员活动层面送风，所以减少了负荷，明显降低了能源消耗。据有关资料统计，置换通风与混合通风相比可减少 5% ~ 10% 的能源消耗量。

目前，国内已将置换通风技术广泛应用于民用、工业和公共建筑。另外，大型和特大型站房由于地铁、高架轨道交通的引入，增加了多层候车区共享空间，所以在考虑各个层面空调系统的同时，还应谨慎考虑共享空间在垂直方向上温度梯度的影响和热量回收利用的问题，这不仅关系到乘客候车环境的舒适性，同时也是影响建筑能耗的因素。近年来，随着置换通风、热泵、蓄冷（热）等新技术、新设备的应用，不仅极大减少了建筑的能源消耗，而且也促进了空调节能技术的发展。

（六）无障碍设计

车站的无障碍设计是人性化设计的重要组成部分，其更能体现现代社会对弱势群体的关爱。城市轨道交通中的无障碍设施，主要包括无障碍坡道、无障碍电梯、无障碍卫生间、导盲道、客服中心柜台等，以及车厢内的专用座椅和轮椅停放位等的合理设置。车站内部盲道的设置应保证其连续性，并与外部市政盲道系统连接成完整的体系。另外，还应充分考虑车站出入口、楼梯、栏杆、扶手、休息区座椅、站台候车区以及其他配套服务设施等各个部位的细部设计。车站内的无障碍设计不仅要考虑残疾人的使用，还要考虑老年人、儿童、病人、孕妇等弱势群体，以及携带大件行李的乘客的日常使用。

（七）车站内部空间设置

车站室内装修是车站设计的点睛之笔，可结合车站的结构形式、功能定位和周边环境进行设计。由于地下车站内部空间形体比较单一，因此站内空间环境设计更多依靠的是装修的变化。在有限的单一空间内，应充分利用有限的空间达到变化的目的，或者利用装饰材料的不同肌理组合显示其空间形态的变化。有些车站通过主体结构形式的变化使地铁车站内部空间显得更加丰富，例如，车站公共区采用中庭的样式，将站厅和站台空间有效连通起来，使整个公共区空间更加宽敞，乘客置身其中不会产生压抑感。对于一般形式的车站，车站空间布局确定之后，可结合既有空间布置一些绿化、饰品、灯光、文化墙以及色彩变化等，营造人性化的室内微空间，使室内空间变得更加舒适宜人。例如，一些特殊车站，车站上部为广场或绿地，在车站顶板设置天窗，可结合周边的景观环境，将阳光、绿化等环境引入车站内部，不仅节能环保，而且还大大改善了车站沉闷、压抑、单调的空间环境，为乘客营造了良好的视觉效果。

三、车站建筑设计的注意事项

（一）车站总平面设计

应根据车站所在位置周围的环境条件，城市规划部门对车站布局的实际要求，合理布置车站主体、地面出入口以及通道、通风道、风亭和冷却塔。车站分布应方便施工，减少拆迁，降低造价，并注重城市轨道交通建设与周边经济发展的互动效应，为可持续发展创造条件，充分考虑与地方铁路、地铁、公交的换乘，预留换乘接口，并选择合理的换乘方式，使换乘客流组织合理、快捷、尽量避免交叉。

线路穿越十字路口交通要道跨路口设置的车站，应结合规划条件在不同象限设置出入口。因条件限制车站需偏离路口设置时，宜在主客流方向设置跨十字路口的出入口或者预留跨路口的设置条件。

出入口布置应与主客流的方向保持一致，宜与过街天桥、过街地道、地下步行街、相邻公建结合或连通，统一规划，同步或分期实施。地面出入口应尽量与邻近建筑物合建。独立修建的地面出入口，一般应设在规划道路红线以外，如因条件限制无法设在规划道路红线以外时，必须经城市规划部门同意。出入口前应有一定的集散空间，一般范围大于 8 m，有条件时出入口附近宜考虑设置自行车停车场和小汽车停车场，兼作过街通道的地面出入口的位置应便于过街客流的使用。独立修建的出入口与周围建筑物之间的距离应满足防火要求，对于一个标准站，出入口通常为 4 个，出入口应对角布置；出入口分为主要出入口和次要出入口，出入口的选择应遵循周边建筑较少或距离较远的原则，这样可以满足防倒塌距离，如果不满足防倒塌距离，对于该出入口需要加固处理，但会影响出入口的外观。

风亭宜与地面建筑结合设置，风亭口部与其他建筑物口部之间的距离应满足防火、规划以及环保要求，但被结合建筑应满足地铁风亭的技术要求。风亭设置应当考虑风向，新风亭应设在排热风口和排烟风口的上风向。采用高风亭时，应尽量集中布置，并宜采用侧面开设风口的形式。当采用侧面开设风口的风亭时，各风口应错开方向布置或高度上满足距离要求，距离的起始点应从风亭墙外皮算起；采用敞口低风亭时，水平方向上应满足距离要求，距离的起始点应从风亭墙内皮算起。

（二）车站主体建筑设计

1. 站厅层设计

站厅层应根据功能合理分区，一般中部为站厅（公共区）、两端为设备和管理用房区。站厅（公共区）布置应满足功能分区要求，尽量避免进、出站以及换乘人流路线之间的相互交叉、干扰。

车站控制室、车站管理室、值班休息室、警务室（公安通信室）、更衣室、管理区盥洗间、通信设备室、民用通信设备室、信号设备室、票务室等关系密切的设备与管理用房应集中布置在站厅层一端，如弱电相关专业的房间集中布置，方便管线布置。对于工作人员卫生间，除了在平面上满足人员的使用要求外，在竖向上，站台层不能设置有电的房间，防止渗水，发生火灾。车站备品库、保洁间等设备与管理用房应布置在站厅层另一端，其他设备与管理用房应根据功能要求和具体情况布置。AFC/OA 配线间应放在站厅一端，避免线槽压力。站厅层设备区管理用房处，管线较多，错综复杂，为了使管线行走顺畅，顶梁应上翻。

为了避免强弱电互相干扰，强电的房间与弱电的房间尽可能分别集中布置，强电房间与弱电房间不能相邻布置，如果没有条件，则相邻房间需加双墙处理或隔一个备用房间等。

走道的宽度不应小于 1.5 m，并要满足管线的综合要求，而且转弯要少，通道内的设备应嵌入墙体内，外开的门应错开设置，以确保通道的有效宽度不小于 1 100 mm，门与门的间距至少保持在 5 m。

出于人性化的考虑，地铁一般站非付费区内设置不超过 100 m^2 的商铺（如设于站厅与通道拐角处），单处商铺面积不应大于 50 m^2；两线站厅为不同防火分区的通道换乘车站，可按每线站厅不设置大于 100 m^2 商铺考虑。

2. 站台层设计

站台宽度应以各车站远期设计客流量计算确定，并应按客流控制时期的高峰小时客流量验算。设置在站台层两端的设备与管理用房，必要时可伸入站台计算长度内，但不应超过一节车厢长度，不得侵入侧站台计算宽度内且不小于 2.5 m，并应满足距楼梯口的距离不小于 8 m。公共洗手间、污水泵房、屏蔽门控制室、变电所等设备与管理用房应集中布置在站台层一端，站厅层主要设备与管理用房的下方，其他设备与管理用房应根据功能设置位置。设备房间上方不得设置有水的房间，上下方有水房间集中布置，方便给排水开洞及预埋管等。站台层供电设备的房间，应满足设备至墙边的距离。

站台上的楼梯和自动扶梯宜沿站台纵向均匀设置，同时应满足站台计算长度内任意一点距疏散楼梯口或通道口不得超过 50 m。无障碍电梯门前等候区深度不宜小于 1.8 m，当条件困难时等候区梯门可正对轨道区，但门前等候区不得侵占站台计算长度范围内的侧站台宽度，且不与安全门的滑动门对应。

(三)车站附属建筑设计

1. 车站通道出入口设计

地下车站出入口通道力求短、直,需弯折的通道不宜超过三处,弯折角度宜大于90°,避免做阴角形式,方便施工。通道长度超过60 m时,其净高要考虑设置排烟风管的空间。当人防段距出入口敞口段较近时,排烟系统风管可以考虑从主体内敷设;当出入口通道长度超过100 m时,应在合适位置设置安全出口。楼梯宽度至少1.8 m,楼梯踏步高度应相同,防止有乘客摔伤。出入口同时设置楼梯及扶梯时,宜采用两扶夹一楼形式,防止客流淤积。楼梯的第一节踏步距扶梯上工作点宜不小于2 600 mm,防止乘客从扶梯摔至楼梯。

出入口宜与道路红线平行,出入口与道路红线的距离应根据规划、地域的要求来确定。独立修建的地面出入口一般应设在规划道路红线以外,在特殊情况下,临时出入口可踏红线或设于人行道上,但必须征得规划部门的同意。

2. 车站风道设计

风道过风面积应与人防门过风面积相匹配。当为高风亭时,百叶的过风面积折减后应不小于人防门过风面积。风道内的门应遵循"正压内开,负压外开"规则设置,防止门被吹开。

四、轨道交通车站设计不足和方法

(一)轨道交通车站设计的不足

1. 车站建筑设计形式大致雷同

从乘客进出站流线设计到车站平面设计,各个车站的空间效果大致相仿,大多为长且低矮的站台及矩形站厅,而且在平面效果和装饰材料选择上也基本雷同。个性化设计是当前地铁车站建筑设计最为缺乏的内容,而设计作品更应展现的是城市的文化品位和地域特点。

2. 车站细部设计和平面功能遭到忽视

车站建筑设计是为了更方便人的使用,体现车站以人为本的服务功能，因此，只有将车站细部设计和平面功能设计紧密结合起来，才能促进其使用功能的充分发挥。当前，很多地铁车站在进行设计时并没有可供乘客使用的卫生间，这无疑是车站平面功能缺失的一个重要表现，给乘客带来了极大的不便。还有一些车站将卫生间设置在站台上，采用投币使用的方法，这显然不够人性化。由此可见，细部设计仍然是地铁车站建筑设计需要重点解决的问题。

3. 缺少对车站功能的综合开发

地铁车站在不少城市中仅仅作为单一的交通站点存在，车站的功能性仅仅体现在城市的交通方面，因此，车站更多的功能还有待开发。现代化地铁车站完全可以作为具有复合功能的综合体存在，通过引入更多的商业元素，让更多的商业设施和地铁车站出入口相互融合，在方便乘客的同时也可以促使经济效益的持续提升。例如，香港地铁车站内就有大量商业开发元素，这一模式就值得借鉴。

4. 地铁车站设计缺少可持续发展作为支撑

地铁建设往往是设计一条建设一条，对地铁和其他交通方式之间的相互换乘关系缺乏理性思考，设计过程缺少深入研究。尤其是在大型地铁换乘点车站中，建筑设计显得很不到位。例如，换乘的两条线路在分阶段实施过程中并未对未来的发展情况做深入的思考，导致出现相互换乘不合理和换乘通道过长的现象。

（二）现代设计原则在轨道交通车站建筑设计的应用

1. 识别性

轨道交通具有运行速度快、站点按时停留、到站停留时间短等特征，为了让乘客能够在较短的时间内找到候车站台，车站建筑应具有较强的识别性。也就是说，要明确车站建筑的功能分区，并在重要的位置给出提示，降低乘客迷路的概率，帮助乘客第一时间到达车站候车区域。

2. 实用性

实用性是车站建筑设计的首要原则，是充分发挥车站功能的基础。所谓实用性，就是指车站建筑满足乘客换乘需求的能力，通常体现在车站建筑具有的客流承载量。车站建筑在前期设计过程中，往往会依据乘客流动速度、客流高峰期的乘客密度等因素确定车站可能达到的最大客流量，并以此为基础设计电梯、楼道等设施的宽度，确保车站在任何时期都能方便乘客换乘与进出站。

3. 经济性

轨道交通属于高投资项目，据统计，地铁建造 1 km 的工程造价往往达到 6 亿 ~7 亿元，其中车站建筑花费占有较大比例。为保证资金的合理利用，避免出现资源浪费问题，车站建筑设计要充分体现经济性原则，利用原有的地形特点进行设计，并将节能理念充分贯彻其中。

4. 安全性

车站建筑在选址上往往以人口密集地段为主，如广场、主要道路、商场等附近或其地下。因此，要保证建筑结构的安全性，通过空间布局设计减少对附近市民的影响，保证市民安全。

（三）轨道交通车站设计方法

1. 车站内部布局的设计方法

轨道交通属于复杂性的系统工程，车站建筑作为其中的一部分，在进行内部空间布局设计时也要综合运用专业知识，在保证轨道线路通畅、信号良好的情况下，通过组织方案的优化组合实现建筑设计的经济性。车站建筑的内部空间集中体现在乘客公共区以及设备和管理用房区域内，因此，要在这两个方面加强理论知识的运用，借助先进的实践经验进行设计。

在设备和管理用房及乘客公共区的综合布局设计上，可采用端头厅式的布置方式，即分别将主要相关设备和管理用房分布在地铁车站的两端，将乘客公共区与地铁车站两侧的站厅层连接在一起，扩大乘客公共区的空间，进而减少乘客的压抑感、恐慌感以及紧张感。另外，还可以按照不同区域的使用性质和功能来确定设计方法，例如，可以针对通风、通信、消防等方面的要求和相互关系来合理布置通风用房、信号用房和消防设备用房。对于乘客公共区的设计，可采用双层岛式、双层侧式的布置方法，选用集中布置类型，增加公共区可利用空间，拓宽乘客视野，缩小车站建筑规模。还可以采用分散布置形式，在地铁车站的两端分别设计成乘客公共区，从而有利于乘客流动和快速乘降。

2. 地铁车站内部环境的设计方法

地铁车站建筑作为高投入的公共交通工程项目，必须重视内部环境设计。在设计地铁车站内部环境时，必须与车站设计相协调，一方面可实现地铁车站的安全性和适用性，另一方面有利于乘客的通达与换乘。在通长的地铁车站空间里，设计支撑柱子时必须注意其节奏感，注重顶面处理以实现形体美观，还可以搭配不同的装修材料以美化空间。在地铁车站内部环境设计时，要采用合适的功能技术手段、造型艺术手段以及建筑装潢技巧，突出"以人为本"的设计理念。

（1）空气质量。车站位于地下，空间相对封闭、狭小，空气流通能力低，在设计中应注重换风换气设计，保证车站内部空气质量。

（2）改善车站内部空间形体。受到空间限制，形体单一是车站空间普遍存在的特征，要想丰富形体变化，可在建筑顶面设计中加以改善。例如，顶面处理中借助装饰材料进行美化，或者借助建筑顶部的采光窗口，将自然光引入内部空间，从而改善视觉效果。

（3）导向设计。内部标识简单明了，可帮助乘客快速找到目的窗口，缩短换乘时间，对维持内部客流秩序有着重要意义，因此，加强导向设计是优化车站内部环境的有效途径。常见的导向设计包括指示标牌、信息栏等，如换乘大厅内悬挂重要出入口标识，并在指示标牌中以不同颜色标注。

3. 地铁车站出入口和风亭的设计方法

在设计地铁车站出入口布局方式时，设计人员可根据专业知识和设计经验，参照其他已建成的地铁车站的地面建筑特征，结合地铁车站地上街道的实际情况来设计。应当将地铁车站的出入口位置设在那些客流量大，地面交通便利的位置，也可以设在城市主要商业区、商场以及地下人行通道等位置，这样可以极大节约施工成本。另外，在设计地铁车站出入口时，还要重视其经济引导功能和交通疏散功能。

根据我国地铁车站建筑相关标准和要求，本着安全、经济的设计原则，在设计地铁车站风亭的进风口和排风口时，一方面要与地面保持一定的高度，另一方面还要考虑相关设备自身的工作效率，其发出的振动和噪声不能影响周边居民的日常生活。车站出入口和通风亭都是地铁交通建筑的重要组成部分，往往会被设置在建筑密集的居民区和商业区，其有效可用空间往往会被限制，在设计时，必须注重与周边环境的协调，塑造地铁车站建筑的良好形象。

第二节 城市轨道交通车站结构设计

一、轨道交通车站结构设计方法

（一）做好资料搜集工作

由于地铁车站建设位于地下，涉及多种地下管线，所以在初步设计阶段，需要充分了解、掌握地下管线的信息，包括类型、埋深、材质、走向等。对于重力管线，还需要全面掌握其坡度方向。对于地面状况，需要了解其交通情况（比如车道数量、道路宽度等），综合考虑车站站位，查看是否存在交通疏解的条件。查看车站周边情况，寻找是否有适合车站施工的用地。通常情况下，施工场地应尽可能靠近车站主体结构。

（二）围护结构选型与设计

1. 工法选择

在进行车站设计计算之前，应首先选择合适的施工工法。目前，国内地下结构较为成熟的施工方法有明挖顺作法、盖挖逆作法以及暗挖法。若拟建场地周边环境比较好，场地开阔，无建筑物及市政管线，根据工程特点，应选择诸多地下结构施工方法中较为经济，而且技术安全可靠的明挖顺作法作为车站主体施工方法。

2. 围护结构选型

据统计，已经建成的地下车站围护形式主要有地下连续墙、钻孔咬合桩、灌注桩结合连续墙等形式。其中地下连续墙技术已经比较成熟，其具有刚度大、抗渗止水防漏性能好、无振动、噪声低等优点，被广泛应用于北京、上海、广州等城市轨道工程中。其不仅可以很好地用作施工期间的基坑挡土止水围护结构，还能够通过优化施工工法较好地控制地面沉降，特别适合于周边环境保护要求等级较高的区域，该结构形式比其他围护结构形式更具灵活性，适用于多种施工工法，同时也可作为永久结构的侧墙（或侧墙的一部分）使用。

3. 围护结构设计案例

本站基坑为长条形，标准段主体基坑深度约为 15.81 m，端头井深约 17.2 m，基坑深度范围内从上至下依次为填土（硬壳层）、黏土、淤泥质黏土、淤泥质粉质黏土。淤泥质土层较厚，主体围护选用 800 mm 厚地下连续墙，接头采用锁口管柔性接头。

（1）支撑体系。目前，地铁基坑的内支撑形式主要有两种：钢筋混凝土支撑和钢支撑。内支撑体系的选择应根据基坑土质情况、基坑深度、周边环境情况以及围护结构的形式来确定。在实施时，也可以将各种内支撑体系配合使用，扬长避短，以达到加快施工进度、降低工程造价的目的。根据地区前期已经建成通车的车站经验，结合本站情况，竖向从上至下共设置 5 道支撑加 1 道换撑，其中第 1 道为钢筋混凝土支撑（800 mm × 1 000 mm），其余为钢支撑（直径为 609 mm 或 800 mm，壁厚 16 mm），当钢支撑角撑跨度超过 16 m、对撑超过 20 m 时中间设置格构柱支撑，以确保稳定性。

（2）基坑加固。基坑环境保护要求比较高、地质环境条件比较差，可采用地基加固，加固方式一般可采用高压旋喷加固、水泥土搅拌桩等。为满足设计和施工要求，一般在基坑开挖前三周至一个月进行内井点预降水，以疏干并加固土体。对基坑土体进行加固，要求降水深度控制在坑底以下 1 m。由于本站基坑变形保护等级为一级，控制标准较为严格，所以需在坑底进行加固设计，使用 ϕ850@600 三轴搅拌桩进行加固，加固深度为 3 m，水泥掺量不小于 20%，加固体 28 天的无侧限抗压强度不得小于 0.8 MPa。标准段采用抽条形式，条宽约 3m，间距约 3m；端头井采用裙边 + 大抽条形式，裙边宽度为 4 m。搅拌桩与地墙间的缝隙采用 $\phi 800@600$ 高压旋喷桩进行填缝，与搅拌桩咬合 300 mm，水泥掺量不小于 25%，加固体 28 天的无侧限抗压强度不得小于 1.0 MPa。

基坑标准段与端头井连接的阳角处，开挖时会产生力应集中，故采用 $\phi 800@600$ 高压旋喷桩对坑外土体进行加固，加固深度为地面下 5 m 至坑底 3 m，水泥掺量不小于 25%，加固体 28 天的无侧限抗压强度不得小于 1.0 MPa。坑内大部分土体为淤泥质土，为保证开挖的效率，需采用三轴搅拌桩进行弱加固，水泥掺量不小于 8%，加固体 14 天的无侧限抗压强度不得小于 0.2 MPa。

（3）降水设计。根据详勘报告，本场地深层存在含承压水层且比较厚，计算坑底抗突涌系数不满足要求，根据计算得出的地墙插入深度未能隔断该层，综合考虑经济性和周边环境条件，采用"降灌结合"的方式进行降水，以保护基坑的安全。采用有限元软件，对车站降压过程进行模拟分析。模拟计算采用含水层三维模型，即水文地质概念模型。地层从上到下，依次概划分为 5 个水文地质层，平面计算区域为 1 200 m × 1 200 m。

（三）主体结构设计

第一，选择合适的计算模式。目前，常用的计算模式主要有共同变形法、协调变形法、重合结构，它们都有各自的优缺点，而且适合的结构特点、受力和变形特点各不相同，需要根据不同的情况来选择。另外，鉴于断面计算的局限性，可以采用三维模型进行补充分析。

第二，综合考虑多方面的影响因素。在主体结构的设计过程中，需要根据具体的类型，考虑其可能发生的最不利的组合、施工过程中的荷载变化，选择最佳的组合。例如，在构件变形计算中，其永久荷载系数为 1.0，可变荷载系数为 1.0。

第三，做好建模计算的注意事项。一是在计算中，要充分考虑常水位、抗浮水位；二是据大量计算显示，人防荷载不起主要控制作用，但当顶板覆土厚度小于 3 m 时,为了保险起见,需要核实人防工况;三是做好主体结构的抗震设计。

二、施工方案及围护结构方案的选择

(一)施工方案选择

车站结构施工方法的选择,应遵循以下原则。

第一,优先选择明挖法。

第二,当受环境或其他因素制约,例如,结构通过交通繁忙、路面狭窄地段,且不允许长时间封闭交通等地段时,可采用盖挖顺作法施工,或选择盖挖逆作法、倒边逆作法施工。

第三,当结构通过交通繁忙或因技术经济原因,不宜采用明挖法、盖挖法施工时,可采用矿山法或明暗结合的方法施工。

施工方法特点见表 6-1。

表 6-1 施工方法特点

项目名称	明挖法	盖挖逆筑法	盖挖顺筑法	暗挖法
对地面交通影响	占道时间长,对交通影响大	需交通疏解或局部管制,但占道时间短,对交通影响小	需交通疏解或局部管制,但占道时间短,对交通影响小	对交通基本没有影响
对地下管线处理方案	需对管线进行改移或悬吊	需对管线进行改移或悬吊	需对管线进行改移或悬吊	管线不需改移或悬吊
施工技术	成熟	成熟	成熟	成熟
施工难度	工艺简单	工序多,难度略大	一般	断面大,难度高
防水施工难易程度	简单方便	简单方便	较难	难
结构受力	受力简单明确	受力简单明确	受力较为复杂	施工过程中结构受力复杂
施工条件	好	分块盖挖时可机械化施工	空间狭小,出土不方便	施工条件差,空间狭小
施工工期	短	较短	长	最长
土建造价	低	较高	高	最高

从表 6-1 可以看出，在有条件进行交通疏解和进行管线改移的情况下，应优先选用明（盖）挖法施工，其次是暗挖法施工。

（二）围护结构方案选择

围护结构有地下连续墙、钻孔灌注桩+止水帷幕、钻孔咬合灌注桩和 SMW 桩等形式，它们之间的差异见表 6-2。

表 6-2　围护结构比较

项目名称	地下连续墙	钻孔灌注桩+止水帷幕	钻孔咬合灌桩	SMW 桩
地层适用性	适用	适用	适用	适用
围护结构效果	刚度大、变形小，基坑施工对邻近建筑与地下管线影响小	刚度较大、变形较小，基坑施工对邻近建筑与地下管线影响较小	刚度较大、变形较小，基坑施工对邻近建筑与地下管线影响较小	刚度小、变形大，基坑施工对邻近建筑与地下管线有一定影响
防水效果	较好	稍差	较好	一般
与永久结构结合情况	可与内衬墙组成复合结构	桩与内部结构共同承受水土压力	桩与内部结构共同承受水土压力	临时支护，不能作为永久结构的一部分
本地区适用深度	适用基坑深度最大	适用基坑深度较大	适用基坑深度较大	基坑深度不宜大于 15m
对环境的影响	振动小，噪声低，产生的泥浆对环境有一定的污染	施工时产生的泥浆和噪声对环境造成一定的污染	套筒钻孔桩对环境影响较小	对周围污染小

三、轨道交通建设各阶段车站结构设计

（一）轨道交通初期设计阶段的车站结构设计

轨道交通车站的设计工作牵涉的工程量比较庞大，并且涉及很多专业，各专业间互相关联、牵涉，要保证其中的每一个环节都不能出现问题，否则会对车站的整体结构造成影响。初期的设计工作对后期的工作有着

重要影响，要及时做好，只有这样才能确保后续工作的顺利进行。

1. 需要首先做好资料的收集工作

轨道交通车站大部分都会建在地下，因此，在建设的过程中会涉及各种地下管线。在设计初期，需要将管线的各种信息把握好，管线的材质、类型以及走向等都需要进行深入的了解。如果管线为重力管线，需要将其坡度方向事先确定准确。对于地面上的情况，需要及时将道路的宽度和车道的数量等信息了解清楚，同时还需要将车站的站位情况考虑清楚，看其周围是否存在进行疏散的便利条件。然后，还需要及时对车站周围的环境进行详细勘察，以便找到进行施工的合适用地，施工用地通常都会选择离车站结构主体比较近的地方。

2. 制订适合的车站施工方案

首先，需要指定合适的迁改方案。在初期设计中，需要将车站的具体位置和埋深等信息了解清楚，然后综合实际情况，将能起到重要控制作用的管线确定出来，从而制订出合理的方案。在迁改管线的过程中，要遵从相应的原则，管线的迁改需要沿着车站的纵向进行。在横向方面还需要采用必要的悬吊保护措施，如果管线无法进行迁改，那么可以采用增加局部管廊和暗挖施工的方式。迁改图的确定，需要对分期施工的方案进行综合考虑，并从中找到最佳的施工方案，尽量避免后期的反复迁改情况。其次，将进行交通疏散的分期方案制订出来，方案的设计需要考虑如何将施工造成的交通影响降至最低，同时还要确保原有的交通能够顺畅，机动车道和人行道宽度在没有其他要求的情况下，需要设置为 3.5 m 和 2 m。最后，将施工的总平面布置图制定好，施工方法可以根据具体的实际情况来选择明挖法或者暗挖法，一般来说，明挖法应用较广。在施工过程中，为了确保安全，还要适当进行必要的围挡，需要保持大于 3 m 的外界距离，施工的便道距离也要不小于 5 m。

3. 确定好结构的尺寸

在初期的车站结构设计中，需要将结构的尺寸和形式确定好。围护结构在设计时，需要先考虑当地的自然条件和地质情况，然后将围护的初步方案制订出来，在确保合理、经济的前提下，根据计算控制的断面，制定出合理的围护结构尺寸。在设计主体结构时，需要及时与各方面进行协调，从而将结构制定出来，同时合理计算断面，确定结构的尺寸。在这个过程中，需要计算并确定井孔边梁的尺寸。同时，还需要确定竖向的尺寸和结构平面等，通风道与主体的接口处一般会有壁柱和过梁，需要确定其是否符合受力要求，一旦发现问题就要及时解决。对于设置在车站中的诱导缝和变形缝等，需要及时做好与各方面的沟通，防止在施工后期出现调整困难的问题。

（二）轨道交通在施工图设计阶段的结构设计方法分析

1. 围护结构设计

首先，在设计时需要充分考虑当地的地质情况，围护方案的选择必须经济、合理。当前，有较多的围护结构形式，如人工挖孔桩、地下连续墙等，这些方式各有优缺点，需要在实际的施工中根据具体情况进行选择。其次，在设计中还需要注意以下问题：围护结构的尺寸变化次数尽量不要过多，这样能便于施工；计算集水井围护结构的配筋和尺寸时，应在标准段的基础上进行必要的加强；若围护结构参与抗浮设计，那么需要进行必要的抗裂验算；当车站上有临时铺盖系统设置时，此时的围护结构会承受较大的荷载，需要计算好此处的桩沉降和桩长度等；围护结构的嵌固深度在选择时，一般采用圆弧滑动法来进行，以此来保证其整体的稳定性，但是在实际的操作中会使得计算出的深度值过大，因此，需要根据实际情况进行安全系数的选择；同一层支撑的布置需要同时满足施工要求和计算要求，并保证有 3 m 左右的间距，上下层间的支撑，应处于相互对应的状态，尽量不要靠近柱位。

2. 主体结构设计

首先，需要正确选择计算模式。当前的计算模式大都是优缺点参半，并且各种结构因为自身的特点互不相同，在具体的计算中需要根据实际情况进行选择。另外，在计算断面的过程中还存在较大的局限性，这就需要使用三维模型。其次，还要考虑各种因素的影响。在设计主体结构的过程中，要根据荷载类型的不同，进行合理的荷载组合。例如，在验算构件裂缝的过程中，采用的永久荷载分项系数为1.0，可变荷载分项系数为1.0。最后，注意其他的一些建模注意事项。计算类型一般有常水位和抗浮水位两种。调查结果显示，人防荷载没有控制能力，但是一旦顶板的覆土厚度小于等于3 m时，为了确保安全，还是需要进行必要的人防作用工况核实工作，主体结构还需要及时做好必要的抗震设计工作。

四、轨道交通高架车站结构设计

（一）高架车站结构技术特点和适用性

1. "桥-建"分离结构

"桥-建"分离结构车站形式比较单一，受力特点也比较清晰，车站主体结构的行车梁承担车辆荷载，而车站结构其他部分承担除车辆荷载之外的一切荷载。此类车站类型特别适用于用地不是非常紧张，对墩柱没有严格的景观需求的地方。车站行车梁部分跨径可按照桥梁自由设置，经济跨径为30 m，梁型也比较自由，可根据具体情况选用。行车梁以外的部分为框架结构，经济跨径为10~12 m，此跨径也同样适用于下面提到的"桥-建"结合结构。根据行车梁部分跨径综合选用，最好形成倍数关系，可以使桥下墩子布局更加美观。

2. "桥-建"结合结构

"桥-建"结合结构车站包括4种类型：纯桥支承式、以桥为主式、以建为主式、纯建支承式。这4种类型受力特点各不相同，纯桥支承式和以桥为主式的"桥-建"结合结构最明显的特征就是横向柱子少，需要按照桥梁受力特性去分析。

（1）纯桥支承式"桥-建"结合体系。该体系是将车站的站台梁与桥梁的墩柱（横向少于3柱时）固结，但轨道结构与车站用支座结构铰接。此体系车站结构整体性好，墩柱数目较少，与地面行车道之间一般没有冲突和干扰，因而设计中常常被采用。这是因为若高架线路沿着既有的城市道路中央分隔带布置，高架车站一般布置成路中高架侧式车站，此时车站下需保证行车道的净空，并且其减振降噪效果明显，所以应用较多。

其缺点为墩柱较少，抗震不利，需要增加墩柱尺寸和配筋数量。需要考虑轨道结构梁的截面尺寸和支座空间高度，按照限界要求，建筑高度较大，造价高。

（2）以桥为主式"桥–建"结合体系。该体系与纯桥支承式结构所不同的就是轨道结构的支撑方式，也就是传递荷载的方式。采用刚接时，可承受传递弯矩等不利荷载，其建筑高度降低，减少造价。

其缺点为墩柱较少，抗震不利，需要增大墩柱尺寸和配钢筋数量。同时，当列车以一定速度通过高架车站时，高架车站会产生振动。框架结构因为缺少支座的缓冲作用，其动力稳定性一般比通过支座铰接连接的结构差，导致车站内振动、噪声较大，这与车站的舒适性要求相悖，所以应慎重采用。

（3）以建为主式"桥–建"结合体系。此类车站是目前最常用的一种类型。此类结构横向两侧立柱上可以承担较大荷载，因此，钢结构罩棚的造型可以有较大程度的发挥。其抗震性能好，地震力分担到每个墩柱，由于墩柱较多，所以每个墩柱的尺寸都比较小，在车站内的视觉效果比较好。

其缺点为跨径比较小，不通透。另外，纵向车站结构联长较大时（大于55 m），需要设置温度变形缝，一般采用双柱形式，这会对车站外部韵律和景观造成不利影响。

（4）纯建支承式"桥–建"结合体系。该体系与第三种类型不同的就是轨道结构刚接在主体结构上，此种类型车站应用不多，特别是当前车站的舒适度要求较高，一般轨道结构下需采用支座以达到减振降噪的作用。只有当站台层高严格受限时，才可以采用此方案。高架车站先形成以空间框架为主的建筑结构，再在其上形成连续楼板，承轨台直接作用其上。轨道纵梁与框架横梁刚接，该结构体系受力合理，结构整体性和稳定性好。

(二)站桥合一高架车站结构设计

1. 结构设计的内容

(1)概念设计。包括车站结构体系的选择、传力路径的设置、抵抗水平和竖向荷载的主受力构件的布置等。

(2)计算设计。包括荷载取值、计算程序选择、结构计算模型的简化和适用设计规范的选择等。

(3)构造设计。采取适当构造措施,提高结构的安全性,保证结构抗震能力达到"中震可修"的设防要求。

2. 结构设计的荷载取值

(1)车站用房部分荷载取值。对车站公共区和设备区域,可按总体技术要求规定进行荷载取值。其中,公共区域为 4 kN/m^2,设备区域为 8 kN/m^2。对管理用房,可按《建筑结构荷载规范》(GB 50009—2012)规定执行。

对结构横向风荷载应按 100 年重现期确定,地震作用可按《建筑抗震设计规范》(GB 50011—2011)设计,并按《铁路工程抗震设计规范》(GB 50111—2006)验算。

(2)列车荷载取值。

①车辆竖向轴重活载。根据目前我国生产并广泛使用的 B 型车尺寸,在计算列车轴重活荷载时,要以动力作用放大系数方式考虑列车的动力作用特性,即按列车静轴重乘以动力系数($1+\mu$),其中 μ 值宜按现行《铁路桥涵设计规范》(TB 10002—2017)中规定值的 80% 采用。

②列车横向摇摆力。根据总体技术要求,列车横向摇摆力一般按相邻 2 节车厢 4 个轴重的 15% 计算,并以集中荷载形式作用于轨面处。从理论上讲,摇摆力应为与轴重一起的移动荷载,但由于分析程序技术的原因,实际工程中,一般以均布线活荷载方式加载,所以其大小可根据弯矩包络图简化近似求出,并沿楼面加载于轨道梁。

③列车制动力或牵引力。该力由列车进出车站引起,当站内单线有车时,取车辆静活载的 15% 计算,站内双线有车时,取车辆静活载的 10% 计算。

④无缝线路的纵向伸缩力和断轨力。对无缝轨线路，应检算结构在轨道伸缩、挠曲和断裂作用下产生的力对结构的作用。

⑤离心力。当列车驶过线路曲线弯道时，由于惯性作用会产生离心力，其大小与线路曲线半径和列车经过时的速度有关。当车站确实位于曲线上时，列车站内速度可按空载时 $V=60$ km/h、满载时 $V=30$ km/h 计算。

⑥温度作用。如果车站结构长度超出规范温度缝要求，应考虑温度作用的影响，一般按升温 20 ℃和降温 15 ℃考虑。

⑦路面汽车的撞击力。当车站墩柱遭遇汽车撞击时，可以采取防撞击措施，可按顺桥方向 1 000 kN 和横桥方向 500 kN 考虑，并作用于距离路面 1.2 m 处。

⑧支座差异沉降作用。差异沉降由各墩柱的不均匀沉降引起，考虑到沉降产生过程是在很缓慢的时间中形成的，因此，按 10 mm 的支座沉降差乘以 20%~50% 的系数折减来计算，土层越好此系数越小，基础承于基岩时可以不计差异沉降。

（三）车站结构计算的控制指标

1. 水平位移

参照桥梁结构规定，高架车站结构应满足纵向水平位移标准和横向水平位移标准，并且应同时满足 1/600 的弹性层间位移角控制标准。

2. 沉降差

高架车站结构一般也是超静定结构，沉降差在结构内部产生装配附加内力，沉降差越大这种内力也就越大，因此，应严格控制沉降差。一般可根据结构最大允许沉降差来控制桩墩的沉降差。同时，一般桩基础都已进入低压缩性土层，在主体结构土建完工投入使用时，其沉降已完成过半，因此，后期沉降较小。

3. 轨道梁挠度

参照桥梁规定，站桥合一的高架车站轨道梁的挠跨比建议按 1/2 000 控制，站台层横框架梁的竖向挠跨比建议按 1/800 控制。

4. 配筋、抗裂

对直接承受列车荷载的轨道梁、横向框架梁和框架柱（墩柱），应分别按极限状态法和容许应力法进行配筋、抗裂验算，并同时满足铁路和民建规范。

（四）工况组合

对站桥合一高架车站结构，存在左、右线路同时和不同时运营的可能，根据最不利原则，应计算各种工况下的最大包络线。为能够比较真实地反映结构工作状况而又不至于增加过多计算量，在进行荷载组合时，可按以下规定。

1. 直接承受列车荷载

对直接承受列车荷载的结构件（主要是站台层横框梁、轨道梁、框架柱、基础桩），宜按下列工况进行组合：①左、右线无车；②单线重载、单线无车；③左、右线重载；④左、右线重载，摇摆力同向；⑤左、右线重载，摇摆力反向；⑥左、右线重载，制动力同向；⑦左、右线重载，制动力反向；⑧左线重载＋摇摆力＋右线重载＋制动力。

2. 不直接承受列车荷载

对不直接承受列车荷载的其余结构件，应按照民建规范进行竖向荷载、强风以及地震作用工况组合。

第三节　城市轨道交通车站消防安全设计

一、城市轨道交通消防安全隐患

在当前城市建设及发展过程中，城市轨道交通属于十分重要的工程，对城市整体发展有着十分重要的作用。在城市轨道交通运行过程中，所存在的消防安全隐患会在很大程度上影响其实际运行，并且会对城市轨道交通运行安全造成严重影响。具体而言，在当前城市轨道交通运行过程中，其安全隐患主要包括以下几个方面。

首先，由于建设与运营同期而存在较大安全隐患。在城市轨道交通实际建设和运营过程中，对于不同线路而言，其建设工期存在一定差异，因此导致有些车站已经投入运营，而有些车站仍在建设中，这种情况的存在必然会导致消防安全隐患存在。另外，对于不同车站而言，其消防系统均处于独立状态，未能较好地实现联动，或者联动效果比较差，这也会导致消防安全隐患存在。

其次，运营客流量较大导致安全隐患存在。对于当前每个城市内的轨道交通而言，客流量都较大，尤其在高峰期很容易出现拥堵情况，消防疏散压力非常大，一旦出现火灾，必然会出现消防安全事故，导致人们生命财产安全受到严重威胁。同时，由于轨道交通多为地下建筑，此种建筑方式也会影响人员疏散的速度。

最后，消防救援设备和手段比较落后。在城市轨道交通实际运行过程中，由于消防救援设备和手段比较落后，一旦出现火灾无法及时将火熄灭。很多消防设备并未满足实际消防需求，存在严重的消防安全隐患。

二、城市轨道交通车站消防设施

（一）火灾探测器

1.感烟式火灾探测器

感烟式火灾探测器是能对可见的或不可见的烟雾粒子做出响应的火灾探测器，它是将探测部位烟雾浓度的变化转换为电信号以实现报警目的的一种器件。

（1）感烟式火灾探测器的主要探测类型。

①离子感烟式探测：离子感烟式探测是使局部空气成电离状态，当烟粒子进入电离化区域时，利用空气的导电性，使探测器发出警报。

②光电感烟式探测：光电感烟式探测是利用起火时产生的烟雾能够改变光的传播特性这一基本性质来进行火灾探测。

③激光感烟式探测：激光感烟式探测是通过对警戒范围内某一线状

窄条周围烟气参数响应来进行探测。

（2）感烟式火灾探测器的安装原则。感烟式火灾探测器适宜安装在发生火灾后产生烟雾较大或容易产生阴燃的场所；不宜安装在平时烟雾较大或通风速度较快的场所。

2. 感温式火灾探测器

感温式火灾探测器是对警戒范围中某一点或某一线路周围温度变化时将温度的变化转换为电信号响应的火灾探测器。

感温式火灾探测器的主要类型有定温式探测器、差温式探测器、差定温式探测器。

感温式火灾探测器适宜安装于起火后产生烟雾较小的场所，平时温度较高的场所不宜安装感温式火灾探测器。

3. 探测器设置要点

火灾探测区域一般以独立的房间划分，探测区域内的每个房间内至少应安装一只探测器；在敞开或封闭的楼梯间、消防电梯前室、走道、坡道、管道井、闷顶和夹层等场所都应单独划分探测区域，并设置相应种类的探测器。探测器的设置一般按保护面积确定，每只探测器的保护面积和保护半径的确定要考虑房间高度、屋顶坡度和探测器自身灵敏度三个主要因素的影响。火灾探测器正常工作的干扰因素有粉尘、潮气、电磁场和高速气流等。排除干扰因素的主要方法是正确选定火灾探测器的类型；安装位置要合理确定；合理规范布线。

（二）防灾报警系统

在轨道交通系统中，防灾报警系统一般分为两级管理和三级控制模式。两级管理是在城市轨道交通中央控制中心设置消防指挥中心，在各个车站、车辆段和主变电所等处设置防灾控制室作为车站级消防控制中心。三级控制为主控制级、分控制级和就地级消防控制。防灾报警系统功能包括中央级功能、车站级功能和现场级功能3个层次。

1. 中央级功能

中央级功能监视全线各车站、区间隧道、控制中心大楼、车辆段和主变电所等下属所有区域的火灾报警、消防联动和故障情况，在火灾发生时承担全线防灾指挥中心功能。

2. 车站级功能

车站级功能主要有监视、报警、控制以及其他系统的联动。车站级火灾监控与报警控制器可随时监控和接受各探测点的报警信号，发出声光报警信号，并能自动或手动执行对有关消防设施的联动控制。模拟图形显示终端按照车站建筑平面分级、分区显示本站系统的详细信息，并能够实时打印输出各种有关数据报告。视频传输系统在车站站台、站厅等公共场所安装全方位的监视器，实时收集站内的视频信息，并反映到值班室的闭路电视监控器上，由值班人员进行监控和处理。

3. 现场级功能

现场级功能主要是指火灾监控与报警设备的具体功能，这些设备主要有火灾传感器、手动报警器、感温电缆和紧急电话插孔等。

（1）火灾传感器。火灾传感器用于对站内设备用房、站厅、站台乘客公共区等进行火灾自动探测。

（2）手动报警器。在站内乘客公共区、设备用房区域以及列车上需安置手动报警器，以便及时通报火灾。

（3）感温电缆。感温电缆用于对站台层变电所下的电缆夹层，实施火灾自动探测报警。

（4）紧急电话插孔。在站内的乘客公共区及设备用房区域设置的消火栓箱上，配置紧急电话插孔；对于区间隧道及站内轨道外侧所设的消火栓箱，也应设紧急电话插孔。

（三）自动灭火系统

自动灭火系统包括联动相关的消防设备和设置固定式灭火装置。固定式灭火装置主要有消火栓灭火设备、喷洒水设备、卤化物灭火设备、室外消火栓设备、消防泵以及管路电动阀等。消火栓灭火系统具有使用方便、来源广泛、灭火效果好、价格便宜和适用范围广等特点，是目前建筑物中最基本的灭火设施。

自动喷水灭火系统在火灾初期具有自动喷水灭火、用水量少、灭火成功率高、损失小、无人员伤亡、反应灵敏和灭火迅速等优点，但其建造成本非常高。与自动喷水系统相比，气体灭火系统具有事后处理工作量小、控制油气火势蔓延效果好等优点，但其有成本较高、可能对大气造成污染和对人体造成危害等缺点。而泡沫灭火系统具有水流损失小、灭火效率高、泡沫容易清除等特点。

干粉灭火系统具有灭火历时短、效率高、绝缘好、灭火后损失小、不怕冻、不用水、可长期储存等特点。干粉灭火器轻便灵活，使用广泛，对扑灭初期火灾具有显著效果。

应根据城市轨道交通不同部位的环境条件、器材安装、设备特点等要求，选择相应的灭火系统和器材。在车站的公共区，要以消火栓系统为主，将整个车站覆盖在消火栓的保护范围下。在车站的设备用房，由于仪器众多，设备复杂，在此类相对封闭的区域要以气体灭火系统为主。自动喷水系统在公共区的作用不明显，甚至会造成地滑而影响人群疏散的速度，在车站的公共区一般不设置自动喷水灭火系统。在区间隧道中要沿线布设消火栓灭火系统，条件允许时还可在区间隧道中加装移动式灭火系统，移动式灭火系统可采用泡沫灭火器。

（四）火灾自动报警系统

火灾报警系统（简称 FAS 系统）主要包括设置在沿线各车站、区间隧道、控制中心大楼、停车场、主变电所等与地铁运营有关建筑与设施的火灾报警系统设备，以及相关的网络设备和通信接口。其一般由中央级和车站级二级系统组成，采用控制中心的中控级和车站级二级监控管理方式。

1.FAS 系统构成

（1）地铁全线 FAS 系统构成。地铁 FAS 系统按两级（中央、车站）管理三级（中央、车站、就地）控制设置全线系统。FAS 系统作为二级管理系统，由设置在运行控制中心的环调工作站、车辆段的维修工作站和设置在各车站车控室、车辆段和主变电所等地的消防控制室的火灾自动报警系统和通信网络构成。

车站级火灾自动报警系统采用专用火灾报警控制盘。FAS 系统作为三级控制系统，第一级为中央级，是整个 FAS 系统集中监控中心，设置于全线控制中心大楼内；第二级为车站级，是 FAS 系统基本结构单元，设置于各车站的综控室及车辆段等的消防值班室；第三级为现场就地控制级。

（2）中央级系统构成。中央级作为运行控制中心管理全线火灾报警系统网络控制工作站，是整个系统的设备、管理和控制中心。它能实现对全线 FAS 系统和联动设备的完全监视和控制，中央级通过图形和文字方式对全线各站 FAS 系统的智能探测器、手自动转换开关、监视模块、控制模块等设备的报警、故障、屏蔽、复位、反馈、控制等信息进行实时监视和处理。通过中央级工作站可实现直接屏蔽、复位设备点、读取智能探测器工作参数、启动/停止联动控制设备等功能。

在中心调度大厅内设置一套火灾自动报警控制器（网络型）、一套互为备用的图形工作站。在控制中心大楼机房内设置主备服务器（视不同品牌的设备而定）、交换机等设备。火灾自动报警控制器（网络型）通过网络接口与全线火灾自动报警网络相连，作为网络的一个节点与各车站级火灾报警控制器（联动型）保持通信。工作站采用主、备机同时在线工作，并互相监视的形式。平时备机同样接收并存储网络信息，当主机失效时，备机能无间断替代主机工作，并保持系统记录。FAS 系统控制中心控制器和图形工作站应预留一定的余量。

中央级设有联动控制台、防灾广播与电视监控切换装置、防灾调度电话总机及与市消防、防汛、地震预报中心联系的外部电话等，并设置打印机，与相关系统接口等设备。在车辆段设 FAS 系统维修检测工作站，除具有维修功能外，还具有与系统管理工作站相同的功能。

（3）图形控制中心系统。图形控制中心系统配备两台计算机，分别为监控管理操作终端和历史资料存档管理操作终端。操作终端采用高质量、高性能的个人计算机或高性能工业级计算机，配置 17 in 以上彩色显示器、键盘、鼠标、打印机、不间断电源 UPS。历史资料存档管理操作终端配置高性能、高容量的磁带机，用于历史资料的存储备份。

（4）车站级系统构成。在各车站、主变电所、集中供冷站、车辆段等各主要建筑的消防控制室设置一台火灾自动报警主机，火灾自动报警主机配置先进的微处理器、液晶显示器和紧急供电装置。微处理器有强大的事件存储功能，便于分析事件发生的原因。液晶显示器显示为全中文字符，最大限度地向消防值班员提供信息。除了液晶显示器外，还有易于理解的 LED 灯和开关按钮组合，以帮助消防值班员在紧急情况下执行系统命令和救灾命令。同时，在各车站设置消防联动控制柜，通过控制电缆与重要消防设备的控制回路相连，用于火灾时自动控制系统失灵的情况下，手动控制各种消防设备。

车站火灾报警控制器、图形显示终端，以及管辖区域内的各种探测器、手动报警按钮、电话插孔、消防专用电话、控制联动设备、信号输入和信号输出模块等现场设备构成车站控制级火灾自动报警系统。

车站级（含控制中心大楼）在各车站、控制中心大楼等消防设备室设火灾报警控制器，能够对其所辖范围独立执行消防监控管理。其管辖范围除车站外，还包括车站相邻的区间隧道和隧道中间风井。区间隧道和隧道中间风井的火灾报警以区间中心里程为分界点，分别纳入紧邻的车站火灾自动报警系统。中间风井并接入相邻车站回路，由车站火灾报警控制器实施报警和联动控制。

车辆段和停车场信号楼控制室设置火灾自动报警器，作为车站级的火灾自动报警系统控制器，并与全线火灾自动报警系统直接联网。信号楼、混合变电所、综合楼、检修库和材料总库、运行库联合车库等设备用房及管理用房设置各类探测器。火灾自动报警控制器、图形显示终端、区域火灾报警控制器及管理范围内的所有现场设备共同构成车辆段火灾自动报警系统。

主变电所根据站内火灾工况的要求，设置联动型火灾报警器或区域火灾报警器。联动型火灾报警器可作为车站级的火灾报警控制器，并与全线火灾自动报警系统直接联网；区域火灾报警器应接入主变电所相邻车站的火灾报警控制器。区域火灾报警器将主变电所的报警、状态、联动信息按点实时送至车站级火灾报警控制器,再由车站控制级送至控制中心中央级。主变电所区域火灾报警控制器与管辖范围内的各类探测器、手动报警按钮、输入输出模块等现场设备构成主变电所火灾自动报警系统。

换乘车站的火灾自动报警系统,根据车站的共享功能,由先行建设的线路,按照整体的环控工艺和火灾联动工况,进行一次系统设计,分阶段实施。本阶段的火灾自动报警控制器应预留与其他线路中央和车站系统的通信接口,以实现信息交换。同时,在共享车站上其他线路需要联动控制时,接受其他线路中央的控制指令,执行相应的火灾工况。

(5)现场级设备构成。各站级火灾报警控制器的下级布设了覆盖范围广、数量庞大的就地级设备,用以及时探测火灾灾情和及时联动相应设备运行到火灾模式。

现场级 FAS 系统主要包括以下设备。

①各类火灾探测器。包括智能化光电感烟探测器、红外光束感烟探测器、感温探测器、红外火焰探测器、可燃气体探测器和线性感温电缆等,用来实现现场火灾的报警,及时发现火情。

②监测及控制模块。用于对各设备运行状态的检测、报警检测及对各消防设备的控制。

③手动火灾报警按钮。在站厅层、站台层、出入口通道和设备区等区域设有带地址码的手动火灾报警按钮。每个防火分区至少设有一个手动火灾报警按钮,从一个防火分区内的任何位置到最邻近的一个手动火灾报警按钮的步行距离不大于 30 m。在上述区域中,若设有消火栓箱,则手动火灾报警按钮安装在靠近消火栓箱处明显可见和便于操作的墙上。

④警铃及声光报警器。火灾时发出火灾报警。

⑤消防广播。发布火灾信息,组织现场救灾工作及疏散人群。

2. 系统的主要功能

(1)中央级 FAS 系统功能。中央级 FAS 系统负责对轨道交通全线各车站、主变电所、车辆段、停车场、控制中心大楼的灾情监视、防灾设备的管理和灾害时的组织指挥工作,侧重于上层的救灾指挥和协调功能。其具体功能如下。

①监视全线火灾自动报警系统设备的运行状态,接收全线各车站、主变电所、车辆段、停车场、控制中心大楼的火灾报警信息。当接收到火灾报警信号时,以地图式画面在综合显示屏上显示报警点,打印报警时间、地点并启动火灾报警的声光报警信号。

②记录显示全线所有消防设备的运行状态,当被控设备故障或状态变化时,应发出声音提示并打印、记录所发生的时间、地点。

③可对系统、设备、网络进行自检记录,包括设备的离线自动报警、网络的故障报警、存储操作人员的各项操作记录。

④存储、打印实时故障等其他各项记录。

⑤可以将历史记录等报告内容进行整理归纳并存储到磁盘,也可随机形成报表打印。

⑥具有可操作权限时,应对各站的控制器进行在线编辑和程序下载,修改现场参数。

⑦火灾自动报警系统可通过相关接口,将火灾信息发送到信号系统。

⑧控制中心级可通过操作电视监控系统的键盘和显示终端确认现场的情况。根据火灾的实际情况,向有关区域发出消防救灾指令和安全疏散指令,并通过通信工具来组织指挥救灾工作的开展。

⑨接收主时钟的信息,使 FAS 系统时钟与主时钟同步。城市轨道交通消防指挥中心设有消防值班员,负责管理全线的火灾报警,确认火灾灾情,向车站级发出消防救灾指令,指挥救灾工作的开展。

(2)车站级 FAS 系统功能。车站及 FAS 系统功能主要包括监视、报警、控制以及其他系统的联动等,其具体功能如下。

①监视车站和所辖区间消防设备的运行状态,接收车站和所辖区间火灾报警以及重要系统的报警,并显示报警部位。

②接收车站火灾报警信号,显示报警部位,优先接收控制中心发出的消防救灾指令和安全疏散指令。

③通过车站的火灾报警控制盘内 RS485 数据接口向机电设备监控系统发出模式指令,由机电设备监控系统启动消防联动设备。FAS 系统发出救灾命令到机电设备监控系统的时间应不超过 1 s。

④火灾报警控制盘接收气体灭火系统的 5 个反馈信号，即火灾预报警信号、火灾确认信号、系统故障信号、气体释放信号、手动/自动状态信号。

⑤监视车站防火阀的动作，并将信息上传至控制中心。

⑥控制防火卷帘下降，接收其反馈信号，并将信息上传至控制中心。

⑦接收消火栓泵运行信号及故障信号，按编制程序控制消火栓泵的启停。

⑧向消防指挥中心报告灾情，接收消防指挥中心发出的消防救灾指令和安全疏散命令。

⑨通过车站级的消防联动控制接口向机电设备监控系统（简称EMCS）发出救灾模式指令，由 EMCS 启动消防联动设备。

⑩通过消防广播系统和闭路电视监控系统，对乘客进行安全疏散引导。

城市轨道交通车站、车辆段、集中供冷站以及主变电站消防车控制室设有专职消防值班员，由值班站长或值班员兼任，其职责为监控火灾报警，确认火灾灾情，报告消防车指挥中心，接收消防指挥中心发出的消防救灾指令，控制有关消防联动设备和组织现场救灾。

3. 系统的网络结构

根据火灾自动报警系统基本的结构要求和设计形式，火灾自动报警系统按照所采用的火灾探测器、各种功能模块和手报等与火灾控制器的连接方式，可分为多线制和总线制两种应用形式。根据火灾报警控制器进行火灾检测数据的处理和火灾模式识别方式的不同，分为集中智能型和分布智能型两种系统应用形式，按各个生产厂的系统实际产品形式，分为中控机、主子机和网络通信系统应用形式。

目前，轨道交通 FAS 系统采用的多为总线制分布智能型的网络通信系统。站级 FAS 系统是整个地铁 FAS 系统最基本的组成单元，负责本站范围内的火灾探测和消防联动。它是全线 FAS 系统网络的一个节点单元，通过车站综合控制室火灾报警控制主机（FACP 盘）纳入全线网络，由控制中心统一管理。

4. 系统的运作模式

（1）监视模式。在正常状况下，火灾报警控制器和车站现场设备处于监视状态，车站图形显示终端显示车站各防火分区、防烟分区的平面布置图和车站现场设备状态。

（2）报警模式。报警模式包括自动确认模式、人工确认模式以及消防联动模式。

①自动确认模式。任何一个报警区域，如有一个智能火灾探测器报警，同时有一个手动报警按钮报警，或者两个及两个以上的智能火灾探测器报警，则火灾自动报警系统自动确认报警。火灾确认后，火灾自动报警控制器发出指令，控制相关消防设备并发送指令至设备监控系统，设备监控系统接收并执行指令，按照预先设置的程序使相应的设备投入火灾工况模式运行，指令执行完成之后向火灾自动报警系统发送反馈信号，并传送至控制中心。

②人工确认模式。如果报警区域为电视监控系统可以监控的区域，则可由车站控制室的值班人员将电视监控系统切换到报警区域并确认。如果监控系统监视不到报警区域，那么值班人员要通过通信工具通知现场值班人员到现场进行确认。经人工确认火灾后，人工启动火灾报警系统进行消防联动，并发送指令至设备监控系统，设备监控系统接收并执行指令，按照预先设置的程序使相应的设备投入火灾工况模式运行，指令执行完成之后给火灾自动报警系统发送反馈信号，并传送至控制中心。

③消防联动模式。消防联动模式是火灾自动报警系统自动实现火灾探测、火灾报警，控制和监视火灾时的排烟、排烟防火阀的动作状态，控制相关消防设施的联动，接收其状态反馈信号，并将信息上传至控制中心。发生火灾时，火灾自动报警控制器发出指令至设备监控系统，设备监控系统接收并执行指令，按照预先设置的程序使相应的设备投入火灾工况模式运行，火灾自动报警系统指令具有最高的优先级。

(五)紧急疏散

1. 疏散模式

疏散模式直接影响交通设施布置及运营的应急方案。按消防救援的要求，当发生火灾时，车站员工应按照要求驻留在车站建筑物之中，以指挥、协助、引导乘客疏散和进行初期灭火行动。

按《建筑设计防火规范》（GB 50016—2014）安全疏散宽度的要求，对于普通的一座高架车站，假设一列车有1 000人（实际通过客流大的车站可以达到B车1 400人、A车1 800人以上），加上站台候车乘客每侧需要总宽为7~8 m的楼梯。高架站厅、站台间高差普遍较大，按照地铁规范要求还需要设置自动扶梯。若按照扶梯不参与疏散的原则，疏散楼梯、正常使用扶梯分别布置下来车站建筑规模很难控制，与正常运营的客流量也不匹配。

《城市轨道交通技术规范》（GB 50490—2009）规定："车站的站厅、站台、出入口、通道、人行楼梯、自动扶梯、售检票口（机）等部位的规模和通过能力应相互匹配。当发生事故或灾难时，应保证将一列进站列车的预测最大载客量及站台上的候车乘客在6 min内全部撤离到安全区。"该技术规范已经明确，在轨道交通工程里，扶梯是可以用于乘客疏散的设施，且乘客疏散的控制疏散时间为6 min。

一般能够避免烟气伤害的地方，都可以作为安全区。如满足装修与排烟条件的站厅及采取一定措施的两端开敞的轨道区可作为站台的安全区，满足一定装修与排烟条件，能直达地面且不设置商业设施的天桥可直接作为安全出口。

2. 疏散方向

乘客在火灾工况下可以疏导至安全区远离火源及烟气危险，然后等待救援，这是轨道交通地上车站与地下车站的不同之处。火灾工况下，乘客疏散方向的设定：站厅层设于站台层之下的高架车站，当站台层发生火灾时，乘客应向站厅层（通过天桥）或地面疏散；当站厅层发生火灾时，站厅层乘客应往天桥或地面疏散，滞留在站台的乘客应往安全区纵向疏散平台疏散或通过列车往下一站疏散。站厅层设于站台层上方的车站，当站厅层发生火灾时，乘客应通过天桥或封闭楼梯间往地面疏散；当站台层发生火灾时，站台层乘客可经防烟楼梯间上到站厅疏散至地面，也可利用安全区疏散平台疏散。

3. 疏散距离

《城市轨道交通技术规范》（GB 50490—2009）规定："站台应设置足够数量的进出站通道或楼梯、自动扶梯，同时应满足站台计算长度内任一点距梯口或通道口的距离不大于 50 m。"站台计算长度内任一点距梯口、安全门端门或其他安全出口的距离不大于 50 m，站厅虽没有明文规定，可以由上述引申出任一点距安全出口的距离应不大于 50 m。

第四节　城市轨道交通车站通风设计

一、城市轨道交通车站通风措施

（一）采用大小系统分设冷源，小系统采用变频多联机

采用大小系统分设冷源，小系统采用变频多联机是地铁车站通风空调系统优化方案之一。变频系统的主要特点有节约能源、运行费用低、节省占地面积、有效利用空间、控制先进、智能化管理、工程设计自由度高、灵活方便、安装极为方便、施工周期短、操作人性化、维护保养简单化、使用寿命长、运转平稳、噪声低等。正因为如此，小系统使用变频多联机和小新风模式就成为创新方式之一。

该系统相对于大系统独立运行，通过变频多联机系统，充分发挥自身的变频特性，对室内空气进行自主调节。一方面弥补设备房间因为热量挥发所产生的温度变化；另一方面降低设备运行能耗，有效调节设备房与其他空间温度不均匀的情况。大系统采用空调水系统，白天提供公共服务，为公共区提供支持；夜间则停止运行水系统，降低冷却塔的运

行调控，防止扰民。这种运行方式极大地降低了能耗，提高了设备的应用效能，延长了设备寿命。整个系统操控简单，而且其后期维护成本比较低，工作量不大。大、小系统分开使用运行后，对空间的安排会更加合理，保证了室外的景观效果。保证了整个系统的稳定、可靠，并且提升了系统的服务质量。

（二）屏蔽门转换装置

屏蔽门转换装置可以实现过渡季节利用活塞风对车站进行通风，减少空调系统的运行能耗。转换装置的设置是指在屏蔽门上方有一个开关，实现大小系统的开合，根据环境需要进行该开关的开启或者关闭，做到最大限度降低能耗，降低空调设备的运行成本。

（三）采用自然通风/排烟

采用自然通风/排烟可以减少设备投资和后期设备的运行能耗及维护。在设计过程中，将原设计中的机械通风、排烟系统更改为自然通风、排烟，利用吊装孔、采光通风孔进行自然通风机自然排烟。采用自然通风/排烟可有效降低能耗和管理成本，是地铁站空调系统主要应用的通风方式，并且自然、环保，没有更多多余的装修设置，应用效果良好，是未来轨道交通车站的发展趋势。

（四）单活塞风井优化

轨道交通隧道通风系统最常用的系统模式是在车站两端分别设置两个活塞风井（简称"双活塞风井方案"）。目前，在我国部分城市的地铁隧道通风系统设计中，已经将隧道风机兼作车站轨行区排热风机（U/O风机），并且取消进站端的活塞风道，这样车站每端只设进风亭、排风亭、活塞风亭各一座（简称"单活塞风井方案"）。该隧道通风系统方案尤其适用于设置了屏蔽门系统的岛式地铁车站。与传统的双活塞风井方案相比，单活塞风井方案可以减少风道面积，缩短车站长度，节省土建投资，并且地面的风亭数量可以相应地减少两个。减少风亭不仅能减少对车站地面周围景观的影响，改善周边环境，还可以减少与规划部门的协调和地面建筑物的征地、拆迁问题。

（五）车站公共区空调与通风系统共享

车站环控大系统的系统容量基本上满足整体车站公共区的通风空调需求，以整体的容量为设计基础。共享系统也需要满足各设计工况下的运营要求，如全通风运转、空调最小新风量运转、空调全新风运转。在这些设计原则下，各线系统可进行单一机组运转，同时也保留了互相支持和备用的可行性。共享系统的冷量分配可考虑采用以下两种方式：各自区域（如车站站台）由各线自负；共用区域（如车站共用站厅）由其中一个较早开始运营的轨道交通线负责提供和控制或由两线共同提供。

1. 在交汇点附近进行环控大系统共享设计

共享系统配置为各线设单一风机机组配置（包括组合式空调机组及回/排风机），以便在一般正常运营的情况下运转，满足车站设计工况下的运营要求。在可以实现共享的车站区域，通风空调机组从4台减少至2台。虽然机组的总容量基本不变，但对设备维护的共用空间布置，可得到有效的节省。这种系统共享方式对组合式空调机组的机房来说，一般可减少约40%。

2. 连接各线单一机组

利用联通风道和风阀，连接各线单一机组，以便在需要的情况下做互相支援/备用，在运营方面具有与一般独立风机组合相同的灵活性。

3. 两线共用同一组送风井和排风井

与环控小系统和轨道排热风机分别共享送风井和排风井，这样不仅能减少室外风井对景观的影响，减少噪声源，还可以减小因建设车站而拆迁的范围，并且还可以合理缩短车站总长度。

4. 换乘车站最少设三组共享机组

在系统容量的基础上，共享设备的总容量基本上保持不变，但集中整合设备后，可减少设备的总数量。为便于灵活调节容量，换乘车站应最少设三组共享机组。然后，根据线路运营不同时期的风量需求调整开启机组数量，按常规运营方法，共享机组可分为三个系统运营档次。

二、轨道交通车站通风空调系统设计

（一）空调系统设计原则及标准

1. 通风空调系统设备用房的设计

需要合理布置车站通风空调系统设备用房，设备用房应结合实际情况灵活布置。在设计风亭的过程中，应当全面考虑城市的环境条件，风亭应当与城市环境条件相协调、适应。为了提升乘客的出行体验，为车站创造静谧的环境，需要严格控制噪声，使噪声分贝处于相关标准的规定范围内。

2. 通风空调系统需要及时排除余热和余湿

为了给乘客提供舒适的乘车环境，以及给设备提供良好的运行环境和为地铁工作人员创造优越的工作环境，应当确保通风空调系统在地铁正常运营过程中及时地排出余热和余湿。

3. 确保通风空调系统能够提供舒适的热环境条件

当地铁在区间隧道中受到阻塞时，乘客可能感到不适，这时，就需要对通风空调系统进行优化设计，保证列车阻塞在区间隧道内时车内热环境条件自然、良好，不会令乘客产生不良反应。

4. 通风空调系统应当具备火灾报警和排烟功能

保障乘客的安全是轨道交通的头等大事，因此，在火灾发生的第一时间内，通风空调系统必须能够顺利地开展通风、排烟以及防烟等工作。通风空调系统应当为消防人员和乘客提供维持基本生命活动所需的新风量，空调系统必须要形成一定数值的迎面风速，这样才能最大限度地保障乘客、车站工作人员与消防人员的生命安全。

5. 通风空调系统的设计应遵循分类原则

在设计轨道交通通风空调系统的过程中，应当遵循分类设计原则。设计人员需要根据各区域运行时间的差异、环境控制参数要素以及使用功能的不同来开展分类设计工作。

6. 通风空调系统的设计应遵循安全原则

应当确保通风空调系统具备较强的可靠性、技术先进性和安全性，所有的设备要定期安排专业人员进行检修维护。在设计过程中，应当首先考虑设备的效率和节能性，推广应用自动控制性能高、智能化特征显著的设备。

（二）车站公共区通风空调系统

车站公共区负荷由车站人员负荷、设备散热负荷、屏蔽门负荷、出入口渗透负荷、照明散热负荷等几部分组成。

客流相近的两个车站进行换乘时，两线同时运营时的负荷要小于单独运营的总和，因两线车站共用站厅，共同运营时客流是两站分开运营之和，同时站台需要考虑换乘客流产生的负荷。因此，客流负荷比两站分开运营要大。共同运营与分开运营站台负荷之差主要体现在人员负荷与屏蔽门渗透负荷上（屏蔽门漏风量按照经验数据每站 7 m^3/s 取值），其他设备产生的差值不大。对于分期实施的换乘车站，先期实施的车站冷负荷因为客流和行车对数较少，导致屏蔽门漏风量也会小于计算所采用的数值，其负荷会小于冷负荷数值，其公共区风量会小于后期两个车站共同运营时的风量。因此，为公共区服务的组合式空调机组与回/排风机，每端宜选择 2 台，一台为先期运营的车站服务，当后期换乘车站投入运营时，再增加另一台组合式空调机组和回/排风机。同时，组合式空调机组与回/排风机要考虑变频，以适应因客流逐渐增加而导致的冷负荷逐渐增加现象。

由于共用站厅层，风管尺寸应按照后期两线同时投入运营时的送风量计算，因此先期投入运行的车站站台风管尺寸也应按照两线后期共同运营时的风量确定，以避免对先期运营车站公共区的重复施工。后期投入运营的车站，应该结合换乘车站装修工期对风管进行安装，若不同时安装，设计时需为后期运营的站台层预留接管条件。

车站空调水系统也应充分考虑资源共享，避免重复投资，两站冷水机房应考虑合建。若两个车站投入运营的时间不同，则可在冷水机房为远期车站考虑预留位置。

（三）地铁车站设备管理用房通风空调系统

轨道交通车站设备管理用房按功能、性质和使用要求不同，通常分为管理办公用房、发热量较大的强电电气设备用房、发热量小的弱电电气设备用房屋、卫生间和机房等辅助房屋四大类。

根据《地铁设计规范》（GB 50157—2013）的规定，结合设备管理用房的特点、温湿度要求和工艺要求，通常需要考虑设置通风空调降温系统的房间主要有管理办公用房、发热量较大的强电电气设备用房、发热量小的弱电电气设备用房。从国内目前已开通运营轨道交通的城市及正在进行建设和设计的城市的通风空调系统设置情况来看，设备管理用房设置独立空调冷源的通风空调系统可以归纳为以下两类。

1. 全空气通风空调系统

采用全空气空调系统时，空调房间的室内负荷全部由经过集中处理的空气来负担。目前，国内已建或在建地铁项目设备管理用房基本均采用全空气空调系统。

全空气空调系统主要由空调室外机、空调室内机、水管（制冷剂管路）、风管以及辅助设备组成，可以实现小新风、全新风以及通风等多种工况转换。

直膨式全空气空调系统在民用建筑中已被广泛采用，而将其应用于地铁车站，具有比其他独立冷（热）源方案简单、设备少、控制简单且成熟、管路少而短、管径小等优势，可作为车站设备管理用房通风空调系统优先推荐方案。

2. 多联机空调系统 + 机械通风的复合通风空调系统

多联机空调系统主要由空调室外机、空调室内机以及制冷剂管路组成，系统可根据负荷变化变频运行。多联机空调系统仅制冷或制热，为满足最小新风、通风换气、排烟等需求，需要单独设置新风系统，因此，还要设置送风机、排风机、排烟风机和风管管路。

"多联机空调系统 + 机械通风系统"虽然年耗电费用较低、土建投资较少，但总投资相差不大，并且具有室内空气品质低、维护检修量大、室内冷凝水对设备造成安全隐患、管道长制冷（制热）量衰减大的缺点。因此，轨道交通地下车站设备管理用房通风空调系统可优先采用全空气空调系统。

第七章
城市轨道交通换乘站规划与设计

第一节　城市轨道交通换乘站规划概述

一、换乘的概念

为了使乘客顺利到达目的地，在乘坐轨道交通时，乘客需要在轨道交通系统内或者系统外更换出行的工具，这种行为活动就是换乘。轨道交通换乘主要包括轨道交通线路之间的换乘，轨道交通与常规公交的换乘，轨道交通与私家车、自行车等交通方式的换乘。

城市轨道交通换乘站是轨道交通两条或多条线路交叉的站点，可以多个方向接发车用于多条线路两两之间的多方向换乘。由于多线交汇，轨道交通换乘站在城市交通体系中绝大多数时处于枢纽地位，在一般情况下，为了更加方便乘客出行，轨道交通换乘站大多设置在繁华的商业中心周围，这样便可以提高乘客的便利度和舒适度。但是，这样也提高了通过换乘站客流的复杂性，给换乘站的管理带来了难题。

换乘站内的设施是乘客换乘的纽带，如通道、扶梯、直梯等。乘客可以通过这些设施，从原始线路到达自己需要换乘的线路，以满足自己出行的需求。因此，在设计换乘站时，车站内部的换乘设施也是必不可少的一个重点，这直接关乎乘客换乘的舒适度和便利度，顺畅的无客流流线冲突的换乘环境是轨道交通车站内部轨道线路换乘路径布局的理想方式。

二、换乘站的类型

（一）按换乘方式分类

换乘方式是指乘客需要通过车站的各种主题结构来达到换乘效果的一种行为活动。通俗来讲，就是乘客在换乘时需要采用何种设施和工具完成换乘。这些主体结构通常包括站厅、站台、连接通道、楼扶梯等。根据换乘时采用工具及经过主体结构的不同，可分为站厅换乘、站台换乘、通道换乘、混合换乘、站外换乘几种常见的换乘方式，不同的换乘方式客流所经的车站部位不同，具有不同的特点。

1. 站台换乘

如果出现两线换乘中站台平行或者相交的情况，一般采用站台换乘的方法。同站台换乘基本布局既可以双层立体布置，也可以在同一平面上布置。这种换乘方式可以极大地方便乘客，提高乘客换乘的舒适度和便捷度。站台换乘换乘路线简单明了，也给换乘站的设计与施工带来了极大便利，大大减少了工程量。乘客进行换乘时，只需要由站台某一侧下车，横向穿过站台，到另一侧上车，就可以达到换乘目标。但不可否认的是，在这种换乘模式下，一旦出现客流量变大的情况，由于换乘楼梯口宽度不够，往往会导致大量人员拥堵，极易引发安全事故，而且单位时间内换乘量不足也是一个很大的问题。站台换乘如图7-1所示。

图 7-1 站台换乘

2. 站厅换乘

如果设计时想要达到提高乘客行进速度、减少站台滞留乘客人数、避免拥挤的目的，一般应采用站厅换乘的方法。两条或者多条轨道交通线相连互通成一个统一的换乘大厅，无论换乘乘客进站还是出站均需经过站厅，这就是站厅换乘。这种方式不仅可以缓解拥堵，还可以节省施工经费，增加站厅的使用面积，安全隐患较小。但这种方式也有不利的方面，例如，会增加乘客的换乘路线，无法节省换乘时间，进、出站客流交叉干扰等。

3. 通道换乘

通道换乘一般适用于不相邻的两座或多座车站，在车站与车站之间用通道相连接，供乘客换乘，如图7-2所示。连接通道可以直接设置在站台上，也可以设在各个站厅之间，每个通道的宽度需要综合考虑客流量来进行分析和设计，一般情况下，宽度不会超过100 m。通道换乘后期线路位置调整的灵活性大，预留工程量比较少，并且有利于线路工程的分期实施。但换乘距离长，乘客较为不便，且换乘通道会增加工程造价，从长远来看，这种换乘方式会给乘客带来诸多不便。

图 7-2　通道换乘

4. 站外换乘

站外换乘往往是因为轨道交通网络规划不合理造成的换乘方式，对于轨道交通而言，这是一种设计缺陷的反映，所以在一般情况下，设计时应该尽量避免出现站外换乘的情况。站外换乘是一种没有任何专用换乘设施的换乘方式，需要乘客在车站付费区以外进行换乘，不仅使乘客增加一次进出站手续，还会大大增加乘客的换乘距离，给乘客带来极大不便。

5. 混合换乘

在现实生活中，往往单一的换乘方式并不能完全解决实际问题。因此，在换乘方式的实际选择上，往往需要采用两种或者两种以上换乘方式来进行优化配置、合理组合，以更好达到工程造价低廉、乘客换乘舒适等目标。例如，站厅换乘辅以通道换乘，可以减少预留工程量，同站台换乘辅以站厅或通道换乘，使所有的换乘方向都能实现换乘等。

（二）按车站站位关系分类

一般情况下，在平面上看，线路常常有相交和平行的关系，这与车站站位关系和线路之间的相互关系有关。因为车站站位在线路上的具体位置不同，所以线位关系不同，因而形成了各种不同的关系。

1. 线路平行布置

如果出现垂直平行、水平平行或两线公用站台，就会造成站台呈平行布置。平行换乘作为一种对乘客来说便捷性较高的换乘方式，具有换乘距离短、换乘量大、换乘速度快的优点，在国外得到了广泛的应用。近年来，这种布置方法在我国也颇受青睐，很多大型换乘站均采用线路平行布置换乘方式来达到换乘目的。

不同的两条线的两个站台上下重叠布置，这就是垂直平行方案。这种方案可以大大减小车站的宽度，压缩车站规模，节约建设资金。但容易造成人流交叉穿行、拥堵现象频发，从而给车站管理带来难题。

两个站台平行水平布置，换乘流量较大的方向实现同站台换乘，流量较小的方向乘客通过扶梯、直梯、通道进行换乘，这样的换乘方式称为水平平行方案，这种方案适用于换乘流量差异明显的换乘车站。但这种设计方式需要两条线路同期建设，对线路设计要求比较高。

对乘客而言，换乘最舒适的方案就是同站共线共轨换乘方式，这种换乘方式需要两线共用站台，这样乘客仅需要走到车站站台的另一边就可以换乘另一条线路，特别是在换乘流量较大时，这种换乘方式优势十分明显。另外，不同线路共用一段区间，对运营要求高，不利于高密度行车，一般对于偏远地区客流发车间隔较大的线路比较有利。关于轨道交通线路平行的换乘形式，见表 7-1。

表 7-1　轨道线路相互平行的换乘形式

类型	特点及适用情况	选定原则
上下型（平行线路）	（1）换乘极为方便。 （2）两车站设于不同平面时，换乘只需两个站台之间的上下移动。 （3）如果引入相互进入的运行方式，则换乘更为便利，可在同一站台进行换乘。 （4）在分阶段建设时，有必要在先行施工时完成后期车站的施工	换乘极为方便，是平行线路换乘的最优形式。因为可同时采用相互进入方式，可以适应于集中的换乘需求以及全方向的换乘
平行型（平行线路）	（1）（A 形式）岛－岛。 ①相互进入方式在同一站台进行换乘，方便性好。 ②与其他反向线路的换乘性差。 ③在分阶段建设时，有必要先建设 2 条线路的车站。 （2）（B 形式）岛－岛。 ①2 条线路的车站结构是分别独立的，因此，换乘不便。 ②在分阶段建设时，对后期车站的建设没有限制。 （3）（C 形式）侧－侧。 ①同一站台换乘的方便性好，但不同站台的换乘性差。 ②在分阶段建设时，对后期车站的建设没有限制。 ③因为在中央站台需要设置楼梯等升降设备，所以必须有较大的站台宽度。	（1）在 2 条线路平行时，站台可设于同一站层。 （2）因为平行换乘站的宽度较大，所以必须确保足够的空间。 （3）以上 3 种形式选定时，2 条线路的换乘需求是重要的选择因素。 （4）"2 条线路的换乘需求集中，集中程度和方向性显著"根据 2 条线路之间的换乘方向，选择 A、C 形式。 （5）"换乘需求中无明显的方向性，全方位的换乘均为优先"选择 B 形式

2. 线路相交布置

以一定角度相交的线路形成的换乘形式，不同的站台交汇部位形成了"十"字形、"T"字形、"L"字形等基本形式。关于轨道交通线路相交的换乘形式，详见表7-2。

表7-2　轨道线路垂直相交的换乘形式

类型	特点及适用情况	选定原则
"十"字形	（1）站台至站台的换乘，换乘的方便性好。 （2）因为车站以交叉点为中心，所以可以很方便地通向交叉点四周地区。 （3）适合于办公中心地区、商业中心地区等城市功能集中的地区，可以有效地促进以车站为中心的均衡发展。 （4）因为车站设于交叉口的中央，所以施工期道路的交通处理难度大。 （5）一般来说，若在交叉路口有较多的地下埋设物，则有必要进行地下空间的调整。 （6）分阶段建设时，为便于后续的施工，有必要在先行施工时考虑交叉隧道的建设	由于具有换乘方便，与周围地区的进出连接便利等优点，是线路垂直相交时最好的换乘形式。特别是在办公、商业中心地区等城市功能集中处，该形式更为适用
"T"字形	（1）因为换乘设施限于布置在换乘站的交叉部，造成在其中之一的站台上的水平移动距离较长，所以换乘的方便性低于"十"字形。 （2）线路上方的道路是"T"字形时，因为其空间受到限制，所以换乘站布置也只能是"T"字形。 （3）在交叉口布置"T"字形换乘站应具有以下特殊条件： ①乘客的流动集中于限定的地区。例如，公共设施、商业办公设施等客流集中的地区。 ②河流、山丘附近或未利用土地的无进出需求的地区。 ③由于历史文物等原因造成换乘站的空间受到限制时。 ④由于地下埋设物等障碍物的存在造成换乘站的空间受到限制时。 ⑤由于道路较窄造成换乘站的空间受到限制时。 ⑥由于施工时对道路及交叉口的交通造成影响而施工受到限制时。	由于换乘方便性低于"十"字形，仅在无法采用"十"字形的情况下或客流集中于限定的地区等特殊条件下采用

续表

类型	特点及适用情况	选定原则
"L"字形	（1）因为换乘设施布置在换乘站的交叉部，造成在两方的站台上的水平移动距离都较长，所以换乘的方便性低于"十"字形和"T"字形。 （2）在包括"T"字形在内的交叉路口处，布置"L"字形换乘站时应具有以下特殊条件。 ①乘客的流动集中于限定的地区。例如，公共设施、商业办公设施等客流集中的地区。 ②河流、山丘附近或未利用土地的无进出需求的地区。 ③由于历史文物等原因造成换乘站的空间受到限制时。 ④由于地下埋设物等障碍物的存在造成换乘站的空间受到限制时。 ⑤由于道路较窄造成换乘站的空间受到限制时。 ⑥由于施工时对道路及交叉口的交通造成影响而施工受到限制时。	由于换乘方便性低于"十"字形和"T"字形，所以仅在无法采用"十"字形和"T"字形的情况下或客流集中于限定的地区等特殊条件下采用

（1）"十"字形换乘。"十"字形换乘是两条线路共用一个站厅层，各自的站台层上下平行布置，从平面看为相交状，并且在车站中心相交。"十"字形换乘根据换乘站内各个线路的站台位置关系，可以有不同的换乘节点形式，例如，"侧-岛""岛-岛"与"侧-侧"等换乘形式。不同的换乘形式拥有不同的换乘站功能，并且对换乘站的换乘设施有着不同要求，"十"字形换乘车站因为换乘空间面积的限制，自动扶梯和楼梯布置在设计时的空间需求比较严格。"十"字形换乘车站的工程技术比较复杂，尤其是在道路十字交叉口设置时，一般先建车站要为后建车站预留建设空间，以提供良好的施工条件，而且预留的工作量较同期建设的车站来说大很多。因此，从施工条件的简易程度和投资力度来看，一般采用"岛-侧"换乘，而实际工程中"岛-岛"换乘最为常用。

从环境行为学的角度分析，在"十"字形换乘布置中，换乘客流集中在车站中部，乘客的空间位置分布均匀，乘客行走距离较短且换乘路线比较简捷、明确。因为换乘乘客须经由站厅层中部到达站台，会产生短时的人流干扰和方向再定位等问题，所以对站厅层布设应于通道出入口处设置明确的引导标示系统，公共设施应避免阻碍乘客通行路线，在空间规划上应注意其前后需预留足够的空间供乘客使用。从总体角度来看，在线路相交的换乘模式中，人们最容易把握空间的换乘类型就是"十"字形换乘。

从换乘的角度来看，在所有相交换乘的换乘方式中，"十"字形换乘因其具有最短的换乘距离、最大的换乘量等特点是最为合理的换乘形式。从吸引客流的角度来看，"十"字形换乘对客流的吸引最充分、最集中，因此，通常作为在人流集中的交叉口处最理想的换乘形式。

（2）"T"字形换乘。从平面上看，"T"字形换乘是甲线车站站台中部与乙线车站站台端部相交的形式。其站台组合方式一般有"岛–岛"和"侧–岛"两种方式。严格来说，"T"字形换乘是"十"字形换乘的一种特殊形式，只不过换乘节点的位置在某一站台的端部。其具有换乘预留工程量小的优点，但站台的相交端部客流较大，易形成人流交通瓶颈，而且这一形式的换乘距离较长，方便性较低。另外，在封闭的站台空间内乘客容易产生不安心理，因此，这种形式并不是理想的换乘形式，只是在特定的情况下采用。

（3）"L"字形换乘。从平面结构上看，"L"字形换乘呈两站台末端相交，并合用站厅，地下站通常采用"岛–岛"组合，且预留工程量较少。在换乘站台的端部，与"T"字形换乘类似，人流相对集中，不便于布置。"L"字形换乘车站可直接采用站台换乘，因此，行人的行为目标和换乘路线相对明确。但换乘客流集中于两车站端部的相交处，极易形成人流瓶颈，同时换乘路线较长，从而导致乘车方便性降低。这种情况下，建议垂直交通应按分散方式设置，方便人流疏导。

三、轨道交通换乘存在的问题

（一）换乘设施问题

1. 换乘时间过长

换乘时间过长是由于换乘形式设置不合理或设施布局的通行能力不足，影响乘客换乘的通畅性和舒适性。城市轨道交通换乘的换乘距离过长主要是指乘客在换乘过程中行走距离较长，或乘客在车站内的滞留和拥挤，使得换乘时间明显增加，这种现象在有多条线路相交的换乘站尤为突出。其主要表现为换乘通道设计不合理及换乘设置的楼扶梯布置不当等。换乘通道设计不合理，往往会造成客流的双向流动，或者是在两个通道相交汇成一个通道的区间内，因为没有一个合理的过渡段，所以在交汇处造成了客流拥挤，影响乘客的快速通过。楼扶梯布置不合理也会严重影响客流的快速疏散。在车站设计中，楼扶梯是根据客流预测进行布置的。一般来说，在轨道交通换乘车站内，换乘的客流分布情况与进站的客流分布情况存在差异：进站客流按时间的分布相对比较均匀，而换乘客流相对比较集中。在换乘站设计中，进站楼梯和换乘楼梯一般是共用的，在高峰时，客流量比较大，容易造成客流的交叉冲突，因此，楼梯布置要充分考虑进站和换乘客流的差异性，避免冲突。在有多条线路交汇的换乘站，因为客流通过的分布更为复杂，所以楼梯布置需要考虑的因素也会更多。

2. 换乘距离不平衡

一个完善的换乘站设计，不仅需要考虑技术性因素，而且还要考虑人文背景。如何"以人为本"，是设计中非常重要的环节，减少换乘距离的不平衡就是其中非常重要的方面。一些换乘车站的单向换乘通道的设计目的是减少客流在走行中的相互干扰，提高换乘速度和流量，但在设计中有时往往只对换乘的平均距离进行考虑，却忽略了不同方向来回换乘距离的不平衡，从而导致两个方向的来回距离存在较大差异。也就是说，在换乘中，虽然去的方向换乘距离较短，但回来换乘的距离很长，造成该方向乘客在换乘时需要步行较长的时间。来回换乘距离的不等，还会导致部分乘客逆向行走，引起管理上的混乱，导致出现其他问题。目前，此类问题虽然在城市轨道交通换乘站的设计中偶有发生，但是还没有引起有关方面的足够重视。

3. 各种换乘设施通行能力不协调

为保证城市轨道交通换乘设施的协调，各环节的客运设备要具有一定的适应性，只有当各换乘环节的客运设备和组织能够及时"消化、吸收"换乘的客流，才能实现不同线路相互间的协调换乘。通常存在的问题是设施间空间距离过大，地上、地下换乘不便，步行时间长，绕行现象严重等。

4. 部分换乘设施面积不足

换乘设施面积不足，容易造成乘客拥挤、环境质量差等问题，严重影响换乘的效率和舒适性，破坏换乘组织的协调性。换乘设施包括电梯、楼梯、通道等一系列设备。目前，由于换乘楼梯、通道等设施能力不足，从而导致高峰客流拥堵的情况时有发生。

（二）换乘组织问题

1. 与其他交通方式的衔接不匹配

轨道交通与常规公交都属于城市公共交通的范畴，共同为城市居民的日常出行提供服务。轨道交通的客流量一般比较大，特别是在客流高峰期，需要与有足够运能的其他交通方式进行接运。如果与其他交通方式的衔接不合理，那么将很难满足轨道交通客流的需要。

2. 换乘站方式选择不合理

轨道交通换乘的形式比较多，各种形式的优势及局限性在上文中已有提及。如果换乘站形式选择不合理，其影响将是长远的。例如，目前在我国已建成的轨道交通车站换乘中较多采用通道换乘方式，这主要是因为两条线路在规划时没有充分考虑车站间的换乘。这种换乘方式由于乘客行走距离长，给换乘带来了极大不便，在许多地方已经造成了难以挽回的损失,造成既影响了轨道交通大容量、快速等特性的发挥,又不利于提高整个城市公交的效率的后果。

同站台换乘方式换乘距离短、换乘量大,在国外换乘车站中采用较多。但是这种换乘方式对地形要求比较高,设计和施工难度非常大,而且对线路的局部走向有一定要求,需要在线路规划时统筹考虑。我国城市轨道交通中,采用同站台换乘方式的并不多。在我国现有的城市轨道交通换乘站中,绝大部分是双线换乘,因此,采用相交式换乘方法的比较普遍。车站的十字相连换乘设计比较紧凑,容易实现,对线路的要求也不高。但是十字相连换乘设计的垂直换乘的楼梯通过能力比较有限,特别是对于换乘量大的车站来说,垂直换乘往往要采用单方向通过模式,很难达到换乘距离平衡的目标,而对于有3条以上线路的复杂换乘站来说,垂直换乘也会对换乘站设计布局造成困难。

在实际车站设计中,因受线路条件和周边地理环境等因素的影响,车站的布置千变万化。尤其对两条线路以上相交换乘车站结构,其最终的布置往往是一种综合性的方式,在设计中一味强调某一种方式是不科学的。这一点在我国大城市的一些重要换乘车站设计中,特别是在有多条线路相交的车站规划设计中要引起足够的重视。

3. 换乘站内客流交叉干扰

不同出行起止点的乘客聚集在换乘站内,他们对换乘站的利用方式不同。可将换乘站内客流分为进站客流、出站客流以及换乘客流。各类客流在换乘站内相互交织干扰,因此,客流流线的管理非常重要,尤其在早晚上下班高峰时间和节假日突发性客流期间,在某些车站不遵循客流流线方向前进还可能会造成危险。为了避免乘客在客流较大和拥堵时不知所措,换乘站的指示标志必须清楚易懂,必要时还要安排专门的工作人员进行疏导。

第二节　城市轨道交通换乘站规划侧重点

一、城市轨道交通换乘站规划需注意的主要问题

（一）换乘站人流导向

人在换乘站中的流动具有大量性、集合性、长期性等特点，这种流动的目的是快速地通过而不是停留，这些特征决定了换乘站空间是简单、流动、宽敞且具有良好视觉要求的高效空间。因此，要提高换乘站换乘效率，加快人流流动速度，就必须具备良好的人流导向诱导系统。

1.空间动态导向设计

空间动态导向是指利用人在行进中的空间事物变化作为导向手段来引导人流的行进。具体来说，其包括以下几个方面的内容。

（1）墙面。可以利用墙面的材质、色彩、图案、形态等的连续变化来诱导人的视线。

（2）天花板。天花板的设计除了与墙面一致，利用材质、色彩、图案、形态的变化诱导人流外，还可以利用照明变化（如灯型、灯色）起到诱导作用。

（3）地面。不同的通道方向宜采用不同的地面材料，同时结合高差、色彩等引导人流，最好是一个方向一个主色调。

（4）柱子。换乘大厅中的柱子具有很强的导向性，宜把柱子与出入口结合起来进行布置。

（5）扶梯。扶梯也具有很强的导向性，尤其是自动扶梯，通过它的运动方向能够让人快速了解路线的走向。

（6）其他各种高科技多媒体系统。应综合利用声、光、色、人机交互、人工智能等先进手段引导人流流动。

2.诱导标志的设置

诱导标志主要是指引导视觉的一些静态、动态的标志、标线，如箭头线、换乘站平面地图、换乘站三维模型等。设置后要达到的效果是标

志标识能够"主动"指挥人群合理流动，而不是"被动"等待人去寻找。设置时要遵循以下原则。

（1）位置适当。应设在人们经常关注和容易看到的地方，如出入口、交叉口、楼梯等人流密集且必经之处。

（2）连续一致。诱导标志，既不能出现盲区，也不能设置得过密造成视觉过度紧张，设置的位置应尽量在高度、角度上保持一致。

（3）醒目。在视觉上要能给人以强烈的视觉冲击效果，这可以从颜色的对比度、字符图标大小的对比度、标识自身大小以及其所在空间尺度的协调等方面考虑。

（4）规范和国际化。必须符合国家的相关规范、标准，同时考虑到外国人的使用习惯，保证语言准确、规范。

（5）区别性。换乘站这样人流很集中的地方会有很多的广告，方向诱导标志必须与它们有明显的区别度。

（6）简单便利。简单是指标志上的语句要精练、简洁；便利是指人在行进中能够容易看清楚，而不必停下脚步。

（二）轨道交通之间衔接换乘方式

轨道交通成网后必然会在各条线路之间产生换乘客流，不同线路的相交形式要有与之相对应的换乘衔接方式。要通过合理的选择来满足换乘客流量的需要，尽量缩短乘客的换乘步行时间及距离，要结合实际地形，保证工程的可行性，节约成本。

1. 换乘方式的类型及各自特点

根据相交线路的走向和交织形式，一般有垂直交叉、斜交、平行交织等类型。根据换乘地点的不同可以分为站厅换乘、站台换乘、站外换乘、通道换乘以及混合换乘等类型。各种换乘方式具有不同的站台形式、功能特点、连接的线路数、优缺点以及适用性。

2. 选择换乘方式时要考虑的因素

为了满足换乘客流高效换乘的需求，要考虑以下几点影响因素：第一，换乘客流的特点，任何一种换乘方式都应满足换乘客流的需求，轨道交通的不同导致换乘客流需要有合适的换乘方式与之相匹配，以便于客流疏散，提高换乘效率；第二，线路与车站的规划不能把线路和车站割裂开来，车站也不是简单的线路交点，而应该把两者作为一个整体来考虑，分析两者之间的相互影响关系和协同条件，使"点"与"线"的能力保持协调，不至于因"点"能力的不足而限制"线"能力的发挥；第三，换乘站上线路的修建顺序和交织形式不同的线路修建顺序会有不同的换乘方式选择，从而导致在实际选择换乘方式时会受到一定的影响。

（三）换乘站与其他交通方式合理接驳

除了轨道交通系统自身的合理衔接外，轨道交通与其他交通方式之间的合理衔接也十分重要，要逐渐形成以城市轨道交通为骨干，常规公交为主体，客车、小汽车、出租车、自行车为补充，相互配合、共同发展的运输网络，而它们衔接的主要结合部是轨道交通换乘站。因此，合理设置换乘站处其他交通方式的格局是关键。

1. 与常规交通的衔接

第一，公交线路与轨道交通的衔接方式在轨道交通换乘站附近要以"8"字形为主，可加强线路的连续性。第二，与轨道交通线路走向重叠部分较长的线路应该取消，重复设置不利于吸引客流。第三，轨道交通换乘站附近的公交停靠站、线路应相对集中，合理设置公交进出道路，公交站场与轨道交通换乘站之间应以空间立体化形式衔接，缩短换乘距离和时间，强调衔接的合理性和整体性。第四，当轨道交通与公交车站处于同一平面时，可以通过设计使轨道交通与常规公交共用换乘站台。

2. 与出租车的衔接

在轨道交通换乘站附近应设置出租车站场，一般可以设置成多通道的排队系统，出租车和乘客均按照先到先服务的形式。在设置时要解决好出租车交通流与人流的交叉干扰问题，为出租车进出道路系统提供缓冲区域。

3. 停车换乘

在北美和欧洲，停车换乘系统已比较完善。在我国，私家车的数量正在大幅上涨，因此，规划换乘站时有必要在市区边缘预留停车换乘的土地，在市中心区也可以在换乘站附近考虑设置地下停车场或者停车楼。

4. 与自行车的衔接

我国是自行车大国，而且目前共享单车也逐渐成了人们出行的一种普通选择，轨道交通与自行车的衔接非常重要。基于轨道交通的吸引，许多人缩短了自行车骑行的距离，仅需骑车至轨道交通换乘站，自行车换乘轨道交通的客流来源一般是距离换乘站 500 ~ 2 000 m 的区域内。因此，在换乘站附近用地条件允许的情况下，应采用集中或者分散的布局形式设置相应的自行车停车区。

二、城市轨道交通换乘站设备规划需注意的问题

（一）实用性

换乘站设施配置要符合车站服务的特点，即服务的短暂性和高频率。轨道交通车站主要解决乘客在该服务系统中汇聚与疏解的问题，有较强的时效性，乘客的基本要求是在短暂的移动过程中充分享受到车站所提供的舒适服务。因此，设备的实用性是换乘站应首先考虑的问题，如车站的自动扶梯、先进的售检票系统等是车站提供优质服务功能所不可缺少的。另外，作为现代文明城市的重要窗口，无障碍通行走廊的设置也是必不可少的。

（二）功能匹配

轨道交通系统投资巨大，所以城市轨道交通换乘站的设备配置既要满足乘客所需的服务要求，也要防止出现设备能力闲置，降低设备的使用效率和系统运营的经济效益，即车站设备服务能力与乘客所需服务容量必须保持匹配。另一方面，车站设备配置的能力匹配，还包括各设备之间的容量与能力匹配，如列车运营密度对站厅候车能力、疏解能力、自动扶梯服务容量、售检票能力等都提出了相应的配套要求，这一要求

首先就是车站各配置设备之间的能力必须保持协调。

（三）先进性

城市轨道交通系统作为先进的大容量、快捷交通运行工具，同时也是一个复杂的运营系统。高技术、高智能化是其基本特征，而要体现这一高技术、高智能化特征，构成这一系统的各种设备必须具有一定的先进性。就目前而言，应以计算机技术、信息技术和控制技术为主要应用对象，提高换乘站设备的技术和应用层次。

（四）经济性

在满足乘客需求的前提下，本着提高设备利用率的原则，换乘站内配置的相关设备必须符合经济性，即从设备的等级、规模、先进的程度等方面出发体现出够用的原则，从而使换乘站的建设投资恰到好处。

（五）安全性

轨道交通系统的运营十分强调安全性，它是所有被考虑因素中的第一要素。而安全运营的实现除了依靠严格而又科学的运营管理之外，所属设备的运行可靠程度也是一个决定因素。对于换乘站设备的配置来说，要在配置设备的安全可靠性上严格把关，同时还要配备必要的应急设备，以防万一。

第三节　城市轨道交通换乘协调和换乘方案选择

一、换乘协调的内涵和目标

（一）换乘协调的内涵

1. 协调

协调是指为了实现共同的目标，通过对相关联的事物、现象或系统进行协调组织，以促进整个系统有序运行。协调主要包括三个方面：首先，协调必须依赖一定的客观主体而存在，该主体能够进行协调和改变；其次，协调以客观主体为目标，具有一定的目的性；最后，协调要保证客观主体的协调行为相互促进，具有相应的一致性。

通常情况下，需要协调的系统中会存在若干个相互联系和影响，或者存在矛盾和冲突的子系统。系统协调的内涵为按照子系统之间的关系，结合某种机制对系统进行组织和调控，以求得对系统矛盾或冲突的解决方案，最终使得系统有序运行，达到协调和谐的状态。

因此，提高整个系统的整体输出功效、减少系统中的负效应、优化系统的整体效应是系统协调的最终目标。通过建立某种协调机制，能够使系统通过某种具体的方式使不同子系统之间相互协作，共同实现大系统的目标。主要的协调机制有自我协调机制、集中调度指挥协调机制和规范协调机制3种形式。自我协调机制是在系统协调过程中，通过系统中各子系统相互的交往，自行达成某种协调的协调机制；集中调度指挥协调机制是将协调权力完全指定给上层的某一系统，由该指定的系统直接指挥和协调的协调机制；规范协调机制是通过建立各系统之间的协调约束条件，逐步实现系统的协调的协调机制。

2. 换乘协调

换乘站在轨道交通线网中是多条线路的交汇节点，也是大客流集散节点，能够实现客流的到达、出发和换乘功能。对于城市轨道交通换乘系统而言，车站乘客、车站设施和到发列车是系统组成的主要元素，可以认为是换乘子系统，换乘站运行状况好坏与三者的协同配合情况关系紧密。在整个换乘系统中，车站乘客是服务对象，为乘客提供更好的服务既是系统协调的目的也是根本出发点。换乘设施是乘客进行换乘行走和停留等待的必要空间场所和基础条件，车站设施设备的规模和数量决定了车站的疏散乘客能力。列车是乘客的载体，乘客的到达和离去随着列车周期性到发而变化，列车发车间隔和运载量决定了车站的输送乘客的能力。对于换乘系统而言，车站的设施建设完成以后，服务能力也基本确定，而列车的组织方案比较灵活，到发时刻在一定范围内比较容易调整。因此，优化列车的到站衔接是提高换乘效率的可行性方法，换乘协调的侧重点是通过优化列车的衔接协调组织，改变由列车组织决定的换乘客流的等待状态，使客流在车站空间内合理分布，高效换乘。

（二）换乘协调的目标

乘客是城市轨道交通的服务对象，而安全舒适、方便快捷是乘客的基本要求。乘客换乘的便捷性受车站设施和列车组织的影响，为乘客提供安全高效的服务应是换乘站协调优化的主要意义。换乘协调的目的就是通过协调乘客、列车和设施三者的关系，为乘客提供高效的换乘体验。换乘协调目标，主要从以下三个方面体现出来。

1. 缩短换乘等待时间，增加换乘便捷性

基于乘客的心理需求和时间价值，乘客更希望在最短的时间内赶上所要乘坐的车辆。对于换乘乘客来讲，乘客最理想的换乘方式为下车后立即搭乘另一车辆，实现无额外等待时间的"零换乘"。但因为客流本身速度存在差异性，当换乘距离较长时，换乘行走时间差异就非常明显，所以应当按照客流行走速度规律，使大部分客流能够及时搭乘上换乘列车，而不能照顾到每一乘客，只能用所有换乘乘客的平均等待时间来体现换乘的便捷程度。尤其是列车发车间隔较长的时段，列车时刻协调的好坏对乘客等待时间影响比较大，对换乘站换乘效率有着重要影响。

2. 减少换乘等待人数，增加换乘安全性

换乘站站台是客流聚集的空间，包括进出站客流和换乘客流。当列车到达、乘客下车时站台聚集客流量达到最高峰，但进站上车客流和下车客流的数量很难调整，因此，要降低站台最大聚集人数，只能通过调整列车到发时间和衔接状态，使更多乘客能够及时换乘到接续线路的列车上，减少换乘等待人数，避免站台人数过多，出现过度拥挤现象。尤其是客流高峰阶段，客流量大，而发车间隔时间短，乘客的等待时间变短，此时站台聚集人数关系到乘客的安全，降低站台最大等待人数更为重要。

3. 综合优化换乘等待时间和等待人数

平均换乘等待时间和等待人数的优化侧重考虑的是客流整体的换乘效率，但等待时间或等待人数最优时可能降低了某些个体的换乘便捷性。

当列车发车间隔较大时,乘客的换乘等待时间不可避免,而最长等待时间往往又是影响换乘便捷性不可忽视的因素,因为短时间的等待对乘客来说是比较容易接受的,而等待时间超过一定值后对乘客来说是不易接受的。因此,最大限度降低等待时间过长的换乘人数具有十分重要的意义。

二、换乘协调的影响因素

(一)换乘站客流种类影响

换乘站客流大致可以分为进站客流、出站客流和换乘客流三类。换乘站内客流相比普通中间站客流,还有大量的线路间换乘客流而言要多出许多。另外,对于一些大型换乘枢纽,车站内的换乘客流要高于进出站客流。因为列车周期性地到达换乘站,所以所产生的换乘客流和出站客流也会以一定的周期集中到达车站,会给车站的相关换乘设施带来一定的短期影响。如果换乘客流未能及时搭乘换乘列车离开站台,则需要在站台产生额外等待时间,严重影响换乘的便捷性。相比之下,在某一段时间内可以近似将进站客流看作均匀到达,而且换乘客流在换乘站客流中占有较大比例,在换乘站停留等待,会直接影响车站换乘效率。因此,对于换乘站的换乘协调,应从车站内换乘行走规律和换乘等待时间的角度进行。

(二)客流走行速度差异影响

在车站内进行换乘的客流,因客流本身的条件不同,行走速度会有一定的差异性。在走行空间畅通的情况下,客流个人本身的状况会直接影响行走速度,差异性比较明显。同时,由于换乘客流的密度比较大,行走过程中的通畅性也受到影响,行走速度会降低。客流的拥挤程度对于换乘走行速度有着较为明显的影响,在拥挤的环境下,换乘行走速度明显放慢,个体的差异性也有所减小。因此,可以通过对各时段内客流的分布情况和车站设施对于换乘行走的影响进行分析,对换乘站的换乘进行协调优化。不同的行走速度将直接影响行走时间,而行走时间在不同的换乘距离中会发生变化,使得换乘候车时间有所不同。这就使得在换乘协调过程中无法兼顾到换乘客流中的每一个个休,只能按照客流的行走速度和时间特性，针对换乘客流主体的换乘效率进行优化。

（三）客流方向差异影响

一般来说，轨道交通各条线路的客流量在不同的时间段内会存在一定的差异，如在早高峰时段，客流量多以市区为主，主要是上班和上学客流，在晚高峰时段则与此相反。对于这一情况，在换乘站内，可以通过合理布局车站设置，并结合车站内换乘客流走向，来缓解高峰时段客流对于车站的压力。而对于有明显方向性差异的客流，大客流换乘方向对于换乘站换乘效率的影响比较大，因此，换乘站的协调优化应以大客流换乘方向为主。

（四）时段不均衡性影响

对于轨道交通而言，在高峰时段大量的客流在换乘站内进行换乘，会产生严重的客流交叉与干扰、行走速度缓慢和站台聚集人数增多的现象，这会直接影响到车站的设备能力和服务水平。对于换乘站的协调策略，因为在平峰时段列车发车间隔比较长，换乘等待时间长，所以可以优先考虑优化换乘等待时间，提高换乘效率；因为在高峰时段列车发车间隔比较短，换乘等待时间短，所以可优先考虑优化站台候车人数，减少客流交叉干扰，提高换乘安全。

三、轨道交通换乘协调的措施

满足乘客需要的换乘系统，要求在一定的时间和空间范围内，在一定的管理技术水平条件下，消耗时间、空间资源以及线路的运输资源，综合协调来完成乘客的换乘服务。网络化运营管理通过综合协调的手段处理线路间的互联制约关系，以取得全网协调的一致性，提高系统的整体效益。在实际运营中，从决策者的角度来看，其不仅要把握总体协调，还要从实际需求出发，对协调策略的实施有所侧重。

首先，随着城市居民生活节奏和出行时间的不同，轨道交通小时客流量呈起伏状分布，分为高峰和平峰时段。平峰时段列车运行间隔比较长，应通过不同线路的时序衔接，尽可能缩短乘客换乘的候车时间，避免造成部分线路换乘客流聚集而其他线路载客率低的失衡现象。高峰时段运行间隔较短,在有条件的基础上通过增加列车编组、加开车次等方式提高线路运输能力,减少滞留客流量,提高服务水平。

其次,当换乘客流较大时,在设置有辅助线的车站可以考虑开行跨线列车,采用混合交路的行车组织方式,不仅可以减少乘客在车站内的换乘行走距离,方便居民出行,降低车站的客流组织难度,而且可以提高车辆的运用效率,减少企业固定成本和运营支出。但与此同时,其对总控制中心也提出了更高的要求,它要负责多条线路的运行控制和协调调度,线路需采用相同类型的信号系统和供电制式,车辆和运营设备类型保持统一和兼容,以实现维修、配件和技术资源的充分共享。

再次,在未设置辅助线的车站,基于乘客换乘行为分析,在乘客效益最大化的目标下,通过设定灵活的列车交路、开行跨站停车等列车开行方案,对列车运行计划进行调整,实现路网换乘客流的协调。

最后,换乘站是疏解矛盾、均衡运能的关键节点,在不同时段,应通过合理布设车站换乘设施,运用灵活的运营组织、客流组织方式和新型信息化手段,提高换乘站的运营效率,避免因客流大量滞留而增加设施资源的负荷,提高出行舒适度。

四、换乘方案选择

轨道交通换乘站建设的最终目的在于为居民提供快捷、舒适的出行条件。因此,在建立评价指标体系时应该以服务乘客,实现社会效益最大化为评价目标。鉴于这一目标,评价指标体系建立的原则应包括综合性原则、可比性原则、实用性原则。

选择评价指标应遵循定性与定量相结合的原则,同时还要选择尽可能少的指标,以满足最大适用性的需求。因为部分指标及其相互关系难以精确地量化表达,在评价时表现出一定的模糊性,所以首先应建立一套换乘站选择评价指标体系,采用多目标模糊决策方法,对选择方案进行综合评价,最后确定最优方案。具体评价指标体系结构为以下三类。

(一)换乘车站方式选择与施工关系

第一,区间施工方法。不同的换乘方式选择的施工方法必然会有所不同。施工难易不同，对地面设施或已建成线网运营的影响也不同，带来的施工风险也存在一定差异。

第二，新建换乘车站对已建车站的影响。由于不同的线路修建顺序有所不同，所以为将来换乘方式的选择、车站设计预留的条件不同，从而导致进行具体的换乘方式选择时会受到一定影响。

第三，工程造价。建设时更倾向于选择工程造价少，资本投入少的方案。

（二）客流服务条件

第一，吸引客流条件。根据换乘客流特点考虑对换乘形式的选择，以便于客流的疏散，缓解交通压力，提高换乘站的换乘效率与换乘功能。

第二，平均换乘时间。乘客完成轨道交通转换所占用衔接设施的服务时间称为平均换乘时间，它是衡量换乘连续性、紧凑性、客运设备适应性、客流过程通畅性的一个重要量化指标。

第三，人均换乘设施面积。人均换乘设施面积是用来衡量衔接换乘设施容纳乘客的能力，反映衔接换乘枢纽内换乘的拥挤程度和舒适程度以及环境质量水平，评价衔接客运设备适应性的一个量化指标。

（三）对线网发展与车站运营影响

第一，对线网和车站的规划影响。车站和线路应作为一个整体来考虑，在一定程度上，与车站设计相关联的线路走向应该服从车站的布置要求。

第二，可达性。可达性是指从城市一点、一区到城市其他地方的方便性，它反映某一换乘站运营后在路网中的地位，以及换乘站对外交通联系的便捷程度。

第三，与周围商业区、公交站的联系。考虑与周围商业区、公交站点的联系是必要且十分重要的，反映轨道交通线网在客流集散地所承担客流的疏散程度，借此评价线网的客运效率。

第八章
城市轨道交通线网规划与设计举例
——以南宁市为例

第一节 南宁市城市交通现状及规划

一、南宁市城市交通现状

南宁市道路交通的总体特征呈现为城市机动化趋势明显，但层次不高；城市道路供应水平低，道路设施使用效率及可达性低；城市内部交通以摩托车、自行车为主要交通工具；公共交通不发达，不占主导地位，公交客流流向集中，走廊特性显著；基础设施薄弱，交通供需水平不高。

（一）对外交通化设施不足，与城市内部交通衔接不畅

货运站的小、散、乱，虽然提高了客户服务效率，但也导致了货运资源利用效率低下。主要长途客运站位于核心区，大量的对外客运交通加剧了火车站地区的交通拥挤状况。

（二）交通需求和交通供给不够匹配

南宁市的车均道路长度（km/PCU）严重低于国家同期的平均水平。

（三）城市道路系统问题

道路网标准较低，功能级配不够合理，尤其是次干路和支路系统不完善。

第一，根据现状道路网的指标分析，南宁市主要指标均在国标规范

值之内,但是道路标准不高,主次干路的道路红线宽度与国标比较起来取值不够规范,低等级道路充当高等级道路功能的现象比较明显。

第二,道路交通东西不畅,南北过江交通不便。

东西向主要道路:民族大道、东葛路东西向止于朝阳路;中华路东段道路狭窄,通行能力低。

南北向主要道路:朝阳路、园湖路止于中华路,实际为铁路线分隔;古城路止于民主路,友爱路止于人民路;公园路及其作为贯穿南北的新民路—北湖路通道能力不够。

2008 年之前,白沙大桥与邕江二桥间约 8 km 长范围内只有一座双向 4 车道的邕江大桥,而中心城的交通则主要集中在该范围内,因此邕江大桥交通十分拥挤。随着北大桥和桃源桥的相继通车,越江交通紧张局面有所缓和,但随着车辆的日益增长,城市中心的越江交通问题仍将是城市交通的瓶颈,尤其是五象新区加快建设后,城市中心区与新区之间的过江交通联系通道明显不足。

(四)公共交通问题

近几年,南宁市的公交车保有量有了快速增长,公交出行比重也有了一定提高。但是,目前南宁市的公交场站却非常缺乏,公交整体服务水平较差,换乘不便,直达性低,非车内时间较长,外围新区公交线路盲区多,造成许多区域市民缺乏使用公交的积极性,与私人机动车出行相比,公交出行比例仍很低,未确立优势地位。

(五)停车设施短缺

目前,南宁市可提供的泊位数为 11.59 万个,机动车停车泊位缺口为 5.7 万~8.6 万个标准泊位,特别是中心区,供应量明显不足。随着南宁机动车拥有量的不断增长,特别是私人小汽车逐步进入家庭,停车需求随之快速增长,停车供需矛盾日益突出。

二、南宁市城市交通规划

(一)城市交通发展目标

南宁市城市交通发展目标为以建设服务枢纽型城市和区域国际性城市

的发展目标为指引,构建以人性化、生态化、集约化为特征的和谐交通体系。

1. 人性化

交通作为支撑城市发展的重要系统,其首先要满足的是居民的出行需求,要明确交通系统目的不是实现车辆的移动而是实现人和物的移动。因此,交通系统必须"以人为本"。首先,要充分考虑使用者各方面的要求,除了最大限度满足人和物移动的需要外,要保障人和物的出行安全;其次,要保证各阶层的人员尤其是弱势群体也能公平地享用作为公共资源的交通设施;最后,要求交通系统能提供尽可能低的经济出行成本和在此基础下的一定服务水平。

2. 生态化

生态化是南宁有效实施清洁城市建设的要求。南宁作为一个人居城市,有着优美的自然环境,因此在未来的交通系统发展过程中,必须注重交通与生态环境的协调发展,不应以牺牲生态环境为代价,以期营造一个生态化的交通系统。

3. 集约化

集约化也是南宁节能发展的要求。南宁作为一个区域经济中心城市,要想扩大其对于区域的辐射影响力,就需要有一个集约化、大运量、快捷的对外交通系统的强大支撑。而南宁市区特别是老城区用地比较有限,开发密度比较高,个体的机动化方式很难支撑城市的快速发展,因此也需要发展大容量的集约化交通方式来加以支撑。

（二）城市交通发展指标

第一,便捷。2020年中心城区实现95%的出行者的出行时间控制为45 min之内,到周边县市控制为1 h以内。

第二,高效。为使交通资源得到充分发挥,大力发展公共交通,到2020年公交出行比例力争达到30%以上。

第三,安全。交通安全水平应逐年提高,全年的交通事故万车死亡率应控制为5%以下。

第四,绿色。严格控制交通污染,汽车尾气排放要达到相关标准要求。

第八章 城市轨道交通线网规划与设计举例——以南宁市为例

第二节 南宁市城市轨道交通客流需求预测

一、经济与人口预测

（一）经济

综合分析南宁市历年经济发展状况的情况，参考南宁市"十二五"规划，假设经济发展按惯性增长，则南宁市生产总值年均增长率预计在 2010—2020 年约为 11%，在 2020—2050 年约为 5%。

（二）人口

人口和就业预测的基本方法是把就业的预测结果与常住人口劳动力相比较，并假设不足部分由流动人口劳动力补充。然后，根据适当的就业率，计算出远期的流动人口。就业的预测参照国内生产总值的假设增长情形、常住人口的预测和历史增长趋势进行；常住人口的预测，则根据自然增长率和机械增长率进行。其他类型流动人口的预测参照旅游业客房数的估计，常住流动人口转变为常住人口的水平以及一些假设情形来进行。人口和就业预测流程如图 8-1 所示。

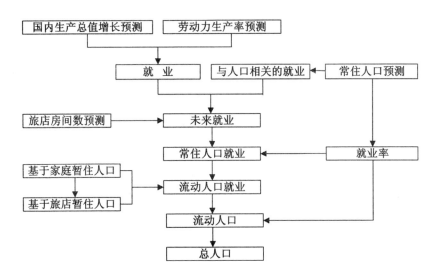

图 8-1　人口和就业预测流程

根据《南宁市城市规划总体规划》(2010—2020)确定 2010 年中心城区人口规模为 210 万人，设施按 230 万人预留，2020 年中心城区人口控制在 300 万人左右，设施按 330 万人预留。远景年南宁市大都市区范围内的城镇人口将达到 550 万~600 万人。表 8-1、表 8-2 为规划年各组团人口规模。

表 8-1　各规划年限人口规模

项目＼年份（年）	2007	2010	2020（远景）	2050（远景）
常住人口（万人）	185	210	334	550
流动人口（万人）	12	15	30	60

表 8-2　各组团规划人口规模

片区划分	2020 年人口规模（万人）	片区划分	2050 年人口规模（万人）
中心组团	20	中心组团	20
城北组团	48	城北组团	50
江南组团	56	江南组团	60
青秀组团	45	青秀组团	60
城西组团	40	城西组团	55
仙葫组团	15	仙葫组团	25
良庆组团	56	良庆组团	65
邕宁组团	20	屯里组团	15
蒲庙	20	龙岗南北组团	40
长塘	5	蒲庙五合组团	40
三塘	9	昆仑大道北组团	75
		昆仑大道南组团	45
合计	334	合计	550

二、交通小区的划分

客流预测需要全面了解交通源及交通源之间的交通流,但交通源一般是大量的,不可能对每个交通源进行单独研究。因此,在客流预测过程中,需要将交通源合并成若干小区,这些小区被称为交通区。交通区划分是否适当将直接影响交通调查、分析、预测的工作量和精度。按照研究深度和轨道线网的结构特点,本次研究交通远期年份的线网共划分598个交通小区和12个对外道口点,共计610个交通小区,分为15个地带,划分情况如图8-2所示。

三、人均出行次数的确定

根据2007年9月《南宁综合交通规划现状调查分析报告》中对2007年南宁市居民出行调查结果显示,南宁市居民人均出行次数为2.38次/日(按全部人口计算),南宁市目前市区内拥有常住人口185.26万人,由此推算市区范围内居民一日出行总量约为441.70万人次。如果不包括6岁以下儿童,则南宁市区内居民人均出行次数约为2.53次/日,调查日当天有出行记录的居民人均出行次数为2.99次/日。

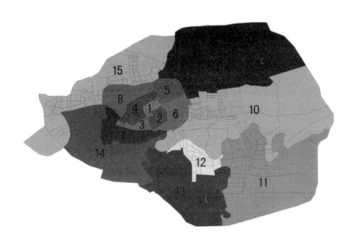

图8-2 线网交通小区划分情况

对比2001年南宁交通大调查数据,当时按总人口数计算(含6岁以下儿童），南宁市居民人均出行次数为 2.41 次 / 日；不包括 6 岁以下儿童时，居民人均出行次数为 2.51 次 / 日。按照当时市区人口数 128.30 万计算，市区居民一日出行总量为 309.20 万人次。

与 2001 年相比，2007 年南宁市居民日均出行次数略有下降，出行总量增加的 130 万人次，是人口基数增加带来的。从国内外城市来看，居民一日人均出行次数基本稳定在 2.00~3.50。居民日均出行次数大致呈现出小城市—大城市递减，经济不发达—经济发达递增的规律。南宁市居民出行次数 6 年来没有发生太大变化的原因也正验证了这一规律，2001—2007 年的 6 年时间里，南宁市经济发展迅速，居民的出行次数本应明显提高，但是这 6 年随着城市空间布局的外延拓展，框架拉大，居民出行时间、空间加大，越来越多的通勤职工、学生放弃了中午返家就餐行程，两者相互作用就造成城市居民出行次数没有发生太大变化。

根据《南宁综合交通规划现状调查分析报告》预测到，2020 年居民日出行率为 2.6 次 / 日（常住人口），2050 年居民日出行率为 2.7 次 / 日（常住人口），见表 8-3。

表 8-3　南宁市规划年人均出行次数

项目＼年份（年）	2007	2010	2020	2050
常住人口出行次数	2.38	2.45	2.60	2.70
数据来源	调查数据	综合交通规划数据	预测数据	预测数据

四、公交模型参数标定

公交线路服务水平指标见表 8-4。

表8-4 公交线路服务水平指标

项目	常规公交(2020年)	常规公交(2050年)	快速轨道交通(2020年)	快速轨道交通(2050年)
上车票价（元）	2.0	2.0	2.0	2.0
高峰发车频率(min)	6.0	3.0	4.0	2.0
平均等待时间（min）	6.0/2=3	3.0/2=1.5	4.0/2=2	2/2=1
载客容量（人）	72	72	1460	1460
运行速度(km/h)	15.0	15.0	35.0	35.0
换乘费用（元）	1.0	2.0	0	0

1. 权重系数

各项指标权重系数见表8-5。

表8-5 各项指标权重系数

项目	常规公交	快速轨道交通
步行时间权重	1.35	1.35
候车时间权重	1.25	1.25
换乘时间权重	1.3	1.3

2. 换乘距离

地铁与地铁换乘一般按100 m考虑，同站台平行换乘距离按10 m考虑。

3. 公交票价

地铁按照每千米的费用为0.3元，公交车按照0.15元考虑。

4. 时间价值

取单位小时工资率为时间价值：2020年为20元/小时；2050年为40元/小时。

第三节　线路敷设方式及线路方案

一、南宁市轨道交通线路敷设的原则

第一，线路敷设方式的选择应该根据城市总体规划、城市发展现状、沿线建筑、文化古迹、道路布局、景观规划、地形与地质条件以及工程造价等，综合考虑确定。

第二，线路敷设分为地下线和地上线。地上线包括地面线和高架线，而地面线又分为路堤形式和路堑形式，地下线为隧道形式。

第三，线路敷设应该尽量选择在道路红线以内，避免或减少对道路两侧建筑物的干扰。当线路越过红线而进入建筑区域，应给予统一规划或做特殊处理。

第四，线路敷设在城市中心区时，通常会出现建筑密集、交通拥挤的情况，为了减少建设中的困难和噪声、振动等对城市的不利影响，应选择地下线；在其他地面建筑相对较少、路面宽阔的地区、规划区以及郊区，可以考虑设置地面线或高架线以降低工程造价，但必须处理好对城市景观和周围环境的影响。

第五，地上线应该尽量选择道路红线宽的街道敷设，其中高架线（包括过渡线）要求道路红线宽度一般不小于 50 m，地面线要求道路红线宽度不小于 60 m。

第六，线路的敷设方式还必须从整个线网角度统一考虑，尤其是在线网上的交叉地段，要处理好两线间的换乘或相互联络的关系，避免两线之间采用高架站与高架站之间的换乘形式。

第七，根据南宁市的实际情况，考虑其现状城市快环范围规划中心组团、青秀组团、良庆组团等将作为城市重点发展区域，集中大量的居住、商业等用地，对沿线环境要求较高，为避免轨道交通线路对城市景观、环境的影响，原则上涉及该区域范围的线路要采用地下线，其他地段条件许可时尽量考虑采用高架线或地面线。

二、南宁市轨道交通各线路敷设方式设想

南宁市轨道交通线网方案中线路大多处于闹市中心，建筑密集，街

道狭窄。因此，大部分线路沿道路红线内敷设，局部线路还有切割地块情况。若采用地面或高架线路方式，将会减小道路宽度，给地面交通带来较大压力，也会引起大量房屋拆迁，而且地面或高架线路景观差，噪声污染比较大。因此，根据上述线路敷设规划原则，结合沿线城市建筑、道路布局、用地性质以及地形与地质条件等，对各线的敷设方式进行初步的设想。

（一）1号线

1号线为石埠—南宁东站，线路长度约32.1 km。线路连接城西组团、城北组团、中心组团、青秀组团，主要承担城市东西向的联系。线路沿线途经大学园区、旧城中心区、火车站、朝阳广场、南湖、五象广场、会展中心、东盟商务区、南宁东站等重要区域，沿线开发成熟，房屋密集，因此，不适宜采用高架敷设方式，1号线应采用地下线方式。

1号线共设置25座车站，均为地下站。从起点到终点依次为：石埠、罗文、车田坪、西乡塘客运站、民族大学、陈村、动物园、心圩江、广西大学、衡阳西、火车站、朝阳广场、新民路、博物馆、麻村、南湖、五象广场、会展中心、东盟商务区、中柬路、凤岭、埌东客运站、高坡岭路、佛子岭路、南宁东站。

（二）2号线

2号线为六晚—西津，线路长约37.3 km。线路连接蒲庙五合组团、龙岗组团、良庆组团、江南组团、中心组团、城北组团，主要承担城市南北向的联系。结合线路沿线规划用地及与其他线路的换乘条件综合考虑，该线不适宜采用高架线，应采用地下线方式。

2号线共设置26座车站，均为地下站。从起点到终点依次为：六晚、清水泉、新合、茶亭、坛沙村、淡坛坡、坛兴村、平乐大道、环城北、东风路、玉洞、金象、石子塘、大沙田、五象大道、江南客运站、白沙大道、福建园、体育馆、朝阳广场、火车站、友爱、秀厢、苏卢、安吉客运站、西津。

（三）3号线

3号线为科园东—保税中心南，线路长约31.3 km。线路连接城北组团、青秀组团、良庆组团，主要承担承担江北区域与五象新区之间的联系。因为线路沿线经过的区域多为城市旧城区、规划五象中心区、规划东盟物流基地主要居住区，所以不适宜采用高架敷设方式，建议本线采用地下线方式。

3号线共设置23座车站，均为地下站。从起点到终点依次为：科园东、安吉客运站、连畴、高峰林场、鸡村、秀厢大道、南梧路、东沟岭、长堽岭、长湖路、五象广场、金湖南路、竹溪大道、荔园山庄、思贤塘、五一大道、总部基地、总部基地南、玉洞大道、平乐大道、保税中心北、保税中心、保税中心南。

（四）4号线

4号线为南宁南站—邕宁，线路长约25.5 km。线路连接江南组团、良庆组团、龙岗组团、仙葫组团，主要邕江南岸的东西向联系。线路沿线所经区域多为规划中心区，且线路需要经过五象火车站，并穿越邕江，综合考虑，建议本线均采用地下线方式。

4号线共设置20座车站，均为地下站。从起点到终点依次为：南宁南站、壮锦大道、友谊路、黄茅坪、五象大道、团结南路、银沙大道、五象岭、五一大道、大弯、体育中心西、体育中心东、桥头岭、良庆、良庆东、五象火车站、新村、龙岗、邕宁西、邕宁。

（五）5号线

5号线为那洪—三塘，线路长约32 km。线路连接江南组团、城西组团、城北组团、昆仑大道组团，主要承担城市西南—东北向联系。线路在北端由于沿线所经道路宽阔，且开发尚未成熟，可采用高架线方式。初步估算，5号线地下线约22 km，高架线约10 km。

5号线共设置25座车站，其中6座高架站，19座地下站。从起点到终点依次为：那洪、壮锦大道、金凯路、南站大道、亭洪西路、旱塘、新阳路、广西大学、财经学院、友爱、北湖北路、虎邱村、狮山公园、南梧路、邕宾立交南、邕宾立交北、药用植物园、金桥客运站、那合、九曲湾南、九曲湾、嘉和城南、嘉和城、三塘客运站、三塘。

第八章 城市轨道交通线网规划与设计举例——以南宁市为例

（六）6号线

6号线为石埠南—六律，线路长约38.3 km。线路连接城西组团、江南组团、中心组团、青秀组团、屯里组团、仙葫组团，主要加强城市东、西方向的直接联系。线路西端（石埠—华南城西）沿线所经道路宽阔，沿线多为仓储用地等，具有敷设高架线的条件；线路东端尚未大规模开发，具备敷设高架线的条件；其余线路沿线多为居住、商业用地，宜采用地下线。初步估算，6号线地下线约25.5 km，高架线约12.8 km。

6号线共设置27座车站，其中10座高架站，17座地下站。从起点到终点依次为：石埠南、上灵、长岸坡、华南城西、华南城东、横岭、旱塘、新屋、南宁水厂、淡村、福建园、江北大道、桃源路、竹溪大道、会展路、青秀路、桂雅路、埌东客运站、三岸、蓉茉大道、天池山、天池山东、周屋、那窝、五合、派晓、六律。

（七）7号线

7号线为邕津—六村，线路长约31.3 km。线路连接江南组团、城西组团、中心组团、城北组团、青秀组团、昆仑大道南组团，主要承担城市江北的东西方向联系，同时为昆仑大道组团提供直达南宁东站的快速通道。由于线路在昆仑大道组团范围内的沿线用地尚未大规模开放，并处于规划阶段，建议该段规划可结合线路的路由进行优化调整，预留高架线的实施条件。初步估算，7号线地下线约25.1 km，高架线约6.2 km。

7号线共设置22座车站，其中4座高架站，18座地下站。从起点到终点依次为：邕津、沙井、乐富、上尧、新阳路、龙腾路、北大路、红十字医院、朝阳广场、古城路、民主路、长堽路、茅桥、埌东村、儿童公园北、南宁东站、乡村大世界、赖村、光文、那弄、创新村、六村。

（八）8号线

8号线为那莲—那井，线路长约24.3 km。线路连接龙岗组团、仙葫组团、屯里组团、昆仑大道南组团、昆仑大道北组团，主要承担城市东部区域南北向的直接交通联系，并与多条线路进行换乘衔接。线路在龙岗组团南端由于道路条件开阔，同时结合规划用地情况考虑，可采用高架线。初步估算，8号线地下线约19 km，高架线约5.3 km。

8号线共设置16座车站，其中4座高架站，12座地下站。从起点到终点依次为：那莲、新合、茶亭、步进新坡、龙岗、颜村、邕宁区政府、长福路、天池山、那额、新塘、光文、坛贡、嘉和城南、红灯、那井。

综上所述，线网方案中线路总长约为252.1 km，其中地下线长约217.8 km，约占总长的86%；高架线长约34.3 km，约占总长的14%。全线网中地下线与高架线的比例约为6:1。南宁市轨道各线敷设方式组成，见表8-6。

表8-6 南宁市轨道交通各线敷设方式组成

线路名称	地下线（km）	地上线（km）	全长（km）
1号线	32.1	—	32.1
2号线	37.3	—	37.3
3号线	31.3	—	31.3
4号线	25.5	—	25.5
5号线	22.0	10.0	32.0
6号线	25.5	12.8	38.3
7号线	25.1	6.2	31.3
8号线	19.0	5.3	24.3
合计	217.8	34.3	252.1

第四节 城市轨道交通换乘站规划

一、南宁市轨道交通换乘点分布情况

1. 换乘点数量

南宁市城市轨道交通线网由8条线路构成，共23处换乘点。

2. 换乘点线路交叉数量分析

23处换乘点除位于城市中心的朝阳广场站外，其余换乘点均为两条线路交叉点，这样的换乘点不但有利于分散换乘客流，合理控制换乘站规模，简化换乘站客流组织，降低工程施工难度，节省工程造价，而且有利于维持良好的乘车秩序，组织高密度行车，提高运行质量和效率。

3. 换乘点位置分布

线网23处换乘点，其中12处位于城市"三大中心"（中心组团、青秀组团、良庆组团），约占总换乘点数的55%，有力支持了城市的发展。

4. 换乘点的线路交叉方式

城市道路网络基本上是放射形环状布局，轨道交通线网主要沿城市道路布设，因此大多数线路交叉接近垂直的"十"字交叉。

5. 换乘点线路敷设方式

根据目前线网规划的线路敷设方式设想，基本确定19处为地下线之间的换乘，4处为地上线与地下线之间的换乘。

二、南宁市轨道交通换乘方式设想与建议

本线网中同站台换乘、节点换乘、站厅换乘、通道换乘以及四种方式的灵活组合将是南宁城市快轨交叉点的主要换乘方式，站外换乘方式不建议采用。

各种车站位置的换乘方式，都应从具体条件出发，主要考虑到对乘客最方便、对管理最有效、对工程最简单、对预留最灵活的原则。

通过对各换乘点的位置和线路走向的初步分析，并对换乘方式的研究分析，提出各换乘点换乘方式的设想和建议，为下一阶段各条线路进行建设规划研究提供参考意见，为换乘车站方案设计提供重要的设计依据。换乘点与换乘方式见表8-7。

表8-7 线网换乘方式一览表（规划建议）

线路名称	1号线	2号线	3号线	4号线	5号线	6号线	7号线	8号线
1号线	—	火车站（地下同站台换乘）朝阳广场站（地下同站台换乘）	五象广场站（地下"L"字形换乘）	—	广西大学站（地下"L"字形换乘）	琅东客运站（地下同站台换乘）	朝阳广场站（地下"L"字形通道换乘）南宁东站（地下平行换乘）	—
2号线	火车站（地下同站台换乘）朝阳广场站（地下同站台换乘）	—	安吉客运站（地下"十"字形换乘）平乐大道站（地下"十"字形换乘）	—	—	—	—	新合站（地下与高架通道换乘）
3号线	五象广场站（地下"L"字形换乘）	安吉客运站（地下"十"字形换乘）平乐大道站（地下"十"字形换乘）	—	五象大道站（地下"L"字形换乘）	友爱站（地下"L"字形换乘）	福建园站（地下T字形换乘）	朝阳广场站（地下"L"字形通道换乘）	—
4号线	—	—	五象大道站（地下"L"字形换乘）	—	南梧路站（地下"T"字形换乘）	竹溪大道站（地下"T"字形换乘）	长堽岭站（地下"L"字形换乘）	龙岗站（地下"T"字形换乘）
5号线	广西大学站（地下"L"字形换乘）	—	友爱站（地下"L"字形换乘）	南梧路站（地下"T"字形换乘）	—	壮锦大道站（地下"十"字形换乘）	新阳路站（地下"十"字形换乘）	嘉和城南站（地下与高架通道换乘）
6号线	琅东客运站（地下同站台换乘）	—	福建园站（地下"T"字形换乘）	竹溪大道站（地下"T"字形换乘）	旱塘站（地下"T"字形换乘）	—	天池山站（地下"T"字形通道换乘）	—

第八章 城市轨道交通线网规划与设计举例——以南宁市为例

第五节 城市轨道交通系统模式及运营规划

一、城市轨道交通系统模式选择

在既有在建线路选用的车型基础上，根据客流特征、线网结构、建设时序、线型条件和工程条件，以实现最大程度的资源共享、避免设备重复配置为目标，进行各线的车辆选型分析，实现分层线网规划。

（一）既有车辆的技术规格

根据南宁市轨道交通建设规划，1号线、2号线两条线路的车辆均采用6辆编组的B型车。

（二）车辆的运量与适用性分析

根据《城市轨道交通工程项目建设标准》（建标104—2008）中的规定，城市快速轨道交通线路远期单向客运能力（断面运量）可以分为三类：高运量系统、大运量系统和中运量系统。高运量的快速轨道交通系统，是各种轨道交通系统中运送能力最大的系统，远期高峰小时单向最大运输能力为5万~7万人；大运量系统的远期高峰小时单向最大运输能力为3万~5万人，适合于大城市客流量密集的交通走廊；中运量的快速轨道交通系统，主要是指大运量和低运量之间的各种城市轨道交通系统，它是城市公共交通系统中不同运量等级的补充，高峰小时单向最大运输能力为1万~3万人。

对于各种车辆的适应性而言，A型车多适用于高运量等级线路，用于主要的骨干线路；B型车多适用于大、中运量等级线路，用于主要的交通干线、先期建设的线路。各车型编组长度与运能见表8-8。

表 8-8 各车型编组长度与运能

车型	A 型车—30 对/小时			B 型车—30 对/小时			运量级
列车编组	定员	长度	运能	定员	长度	运能	
3	930	71.6	2.79	710	59.76	2.13	中运量
4	—	—	—	960	79.28	2.88	
4	1240	94.4	3.72	—	—	—	大运量
5	1550	117.2	4.65	1210	98.8	3.63	
6	1860	140	5.58	1460	118.32	4.38	

表 8-8 中，各车型的车辆长度、定员参考既有地铁车型，表中运能 A、B 型车按 30 对/小时计。通常地下车站规模，取站台长度为 80~140 m 为宜。因此，采用列车编组为 4~6 辆比较适中。若为地面和高架站，最大长度控制为 100 m 以内为宜，而最小长度不受 80 m 限制。

根据以上分析，对于大运量线路（3 万~5 万人次/小时的运量级），列车长度宜控制为 120 m 以内，可采用以下列车编组方案：

（1）宜采用 B 型车，列车编组 5~6 辆，适用运量为 3.5 万~4.3 万人次/小时。

（2）采用 A 型车 4~5 辆编组，适用运量为 3.7 万~4.6 万人次/小时。

（3）对于中运量线路（1 万~3 万人次/小时的运量级），列车长度宜控制为 80 m 以内，宜采用 B 型车，列车编组 4 辆以下，适用运量为 2.8 万人次/小时以内。

（4）对于运量小于 1.5 万人次/小时的线路，建议采用其他系统。

（三）车辆的选型原则

南宁线网车辆选择，应遵循以下原则：

（1）应满足各设计年限高峰小时最大客流量和行车密度的要求。

（2）车辆的技术性能既要高起点，符合国内外发展趋势，又要技术成熟、安全可靠、经济实用、便于管理和维修，符合国情。

（3）车辆选型应最有利于实现综合基地的资源共享。

（4）车辆选型应有助于实现车辆规模化，降低购车成本及实现运行经济性。

（5）车辆应符合地铁工程的线路条件，应适应南宁市各种环境条件，并尽可能减少对周围环境的影响。

（四）线网车辆选型

南宁市既有的线路已经确定采用 B 型车 6 辆编组，同时根据远景客流预测，除 4 号线之外，其余线路远景高峰断面客流均为每小时 3 万～4 万人。因此，从资源共享出发，同时为能更好地适应客流的变化，在线网规划阶段，建议全网均采用 B 型车 6 辆编组。南宁市轨道交通线网的车辆选型见表 8-9。

表 8-9　南宁市轨道交通线网的车辆选型

线路	长度（km）	高峰最大断面客流（万人/小时）	编组（辆）	车型	备注
1 号线	32.1	2.9～3.5	6	B 型车	
2 号线	37.3	2.9～3.5	6	B 型车	
3 号线	31.3	2.4～2.8	6	B 型车	
4 号线	25.5	1.9～2.3	6	B 型车	
5 号线	32	2.3～2.9	6	B 型车	
6 号线	38.3	2.9～3.5	6	B 型车	
7 号线	31.3	2.8～3.3	6	B 型车	
8 号线	24.3	2.7～3.3	6	B 型车	

二、线网运营规划

(一) 线网运营组织

1. 列车旅行速度

轨道交通骨干的地铁系统，因为线路完全封闭，所以运行速度一般均在 30 km/h 以上，有的线路的运行速度还达到 40 km/h 以上。从已运营的北京、上海、广州的地铁线路的运营情况看，地铁运行速度均为 35 km/h 左右。根据线网推荐方案，各条线路规划阶段均采取全封闭运行方式，比较各条线路站间距条件，如采用现行的设计标准，各条线路旅行速度均应为 35 km/h 以上。

2. 列车运行间隔

列车运行间隔是评价系统服务水平高低的重要标准之一。按照现行的国家有关标准和规范，列车最小运行间隔一般为 2 min，高峰期间初期列车运行间隔不宜大于 5 min。通过采用列车自动防护（ATP）装置、列车自动控制（ATC）装置、列车自动运行（ATO）装置，列车运行间隔可以达到 2 min。本次规划南宁轨道交通线网信号等列车控制设备按 2 min 运行间隔进行规划。根据各线路不同运营时期，可调整列车运行时间间隔，但应满足不同时期高峰小时单向最大断面客流量的需要。

3. 列车编组

结合南宁既有的线路已采用 B 型车 6 辆编组，同时根据远景客流预测，线路远景断面客流均为 2.5 万～3.5 万人/小时。因此，从资源共享出发，同时为能更好地适应客流的变化，在线网规划阶段，建议全网均采用 B 型车 6 辆编组。远景线网车辆运营组织，见表 8-10。

第八章 城市轨道交通线网规划与设计举例——以南宁市为例

表8-10 远景线网车辆运营组织

项目	远景高峰断面客流（万人/小时）	列车编组（辆）	列车定员（人）	远期行车对数（对/小时）	输送能力（人/小时）
1号线	2.9～3.5	B6	1 460	30	43 800
2号线	2.9～3.5	B6	1 460	30	43 800
3号线	2.4～2.8	B6	1 460	30	43 800
4号线	1.9～2.3	B6	1 460	24	35 040
5号线	2.3～2.9	B6	1 460	24	35 040
6号线	2.9～3.5	B6	1 460	24	35 040
7号线	2.8～3.3	B6	1 460	30	43 800
8号线	2.7～3.3	B6	1 460	30	43 800

4. 列车运行交路

（1）直通运营方案，如图8-3所示。

该方案远期高峰小时，设置一个全线的大交路，在中心客流较大区域加设一个小交路。其优点为乘客可直达，客流组织简单。

图8-3 直通方案运行交路

（2）换乘运营方案，如图8-4所示。

该方案远期高峰小时，不设置全线的大交路，而是两个交路"套跑"，在中心客流较大区域重合，形成一个小交路。其优点为两个交路可采用相同制式不同编组的系统，适合连接中心组团和多个组团间的交通。

图8-4 换乘方案运行交路

（3）混合运营方案，如图8-5所示。

该方案远期高峰小时，设置一个全线的大交路，另有两个交路"套跑"，在中心客流较大区域重合，形成一个小交路。其优点为直达性好，可灵活运营；其缺点为运营组织略复杂。

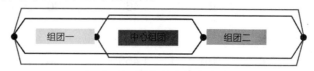

图8-5 混合方案运行交路

5. 便捷度和舒适度

系统的便捷度和舒适度，对乘客而言主要体现在以下几个方面。

（1）车站和车内环境。

（2）列车运行中的舒适度。

（3）系统与其他交通方式的换乘和衔接。

（4）为乘客提供的服务信息。

（5）换乘站的设置形式。

（二）线网运行管理

1. 系统管理架构

对于一条独立的线路，系统管理的架构在于保证实现列车安全正点运行及该条线路各项设备的正常运转。当系统由一条线路逐渐形成一个网络后，系统管理的架构就需要首先分清哪些内容应该由网络统一管理，哪些内容应该以各条线路为基础分别独立进行管理。

针对线网的规划情况，轨道交通线网作为一个覆盖南宁市中心城区主要交通走廊的骨干交通网络，需要进行统一管理的内容应包含客运计划的制订、票务政策、票务清算、车辆维修、设备更新、线网运行监控、电网运行监控、运营数据统计、事故和灾害处理等内容。其管理基本架构如图8-6所示。

第八章 城市轨道交通线网规划与设计举例——以南宁市为例

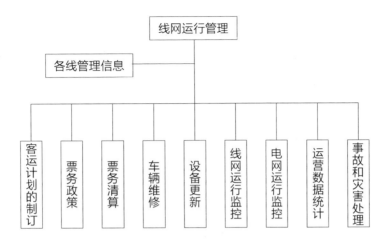

图 8-6　线网运行管理基本架构

对于具体到每一条线路的列车运行、设备运行、车站管理、票务管理、车辆和设备的检修等内容，可以由各条线路的运营部门独立进行管理，其管理基本架构如图 8-7 所示。

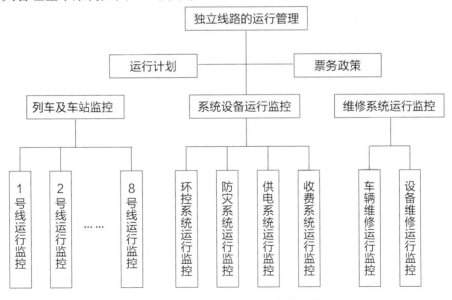

图 8-7　独立线路运行管理基本架构

2. 列车运行管理

（1）列车驾驶方式。地铁运行模式的最大特点就是列车运行密度较高，因此，要求列车以一个比较均匀的间隔运行，这就要求列车运行过程中必须有一套比较复杂的信号安全系统来对此进行支持，而列车司机在驾驶列车的过程中则需要依靠这些系统的帮助来完成驾驶作业。目前，国内外的地铁列车驾驶一般都采用自动驾驶或至少是在安全防护系统监控下的人工驾驶。

如果系统采用半封闭的运行方式，列车驾驶则主要由人工完成，列车运行的安全主要由列车司机负责。相应地，因为地面交通的影响，列车运行的间隔不可能理想化地均匀，所以同时对车辆的起、制动性能以及噪声等方面的要求也会提高。

（2）列车运行调度。地铁系统的列车运行调度一般分为两级管理，即控制中心级和车站级。正常情况下由控制中心统一监控，依靠自动化设备按照事先排定的运行图排列进路，控制列车的运行。车站级管理属于后备系统，目的是当中心级系统出现问题时，下放到车站级进行降级控制。一般情况下，只有当列车运行情况超出系统控制的能力范围时，调度员才人工介入。

（3）列车运行管理。对于一个轨道交通的线网，列车运行管理主要是运行计划的管理和制订，由管理中心根据实际运营过程中统计的客运信息，结合不同时段要求，考虑各条线路间换乘关系和路径，制订出不同阶段、不同时段、不同线路的列车运行计划，并在实施过程中进行监视和适当调整。每条独立运行线路，由于其经过路径、车站、线路条件、客流量、停站时间、列车交路、折返方式以及所设置的停车场等多种因素均不相同，列车运行的控制和管理可采用独立的调度指挥模式，即每条运行线路都有各自的列车运行调度指挥系统。

3. 车站管理

车站的管理主要以各条独立运行的线路为单位进行管理，一般情况下，控制中心只需要对主要车站的运行情况进行监视即可。

车站管理的内容主要包括乘客的管理、车站设备的管理、列车进出站以及车站作业的管理等几个部分。而不同层次的系统,对车站管理的要求也有所不同。

对于系统运量大,又是地下敷设方式的车站,由于车站规模大,设备系统复杂,车站的管理人员数量多,乘客集散量大,需要的安全、环境和各种管理设备复杂,需要较高水平的集中监控管理设备和各种训练有素的管理操作人员,以保证提供所要求的服务水平。

对于系统运量小,地面或高架的车站,由于车站本身的集散量小,车站规模就会比大运量的地下站小许多。其管理的复杂程度就会降低,对管理设备的要求也会降低。

车站收费系统的管理模式会对车站管理和车站规模产生较大影响。目前,北京、上海、广州、南京等城市所采用的自动售检票管理模式,对车站规模的要求比较高,适用于大运量的地铁系统。南宁市轨道交通网络的 7 条线路中,收费系统在每一条线路上所采取的管理方式均有所不同,从而使得车站的管理也会有所不同。

4. 收费管理

一方面,作为商业运营部门,收费是运营管理部门得到运营收入的手段,其最终目的是尽可能多地获得运营收益;但另一方面,轨道交通系统的运营是为乘客服务的,其收费是将系统所提供的交通服务与乘客的出行需求联系起来的一种合同关系的体现。收费系统的设立,不仅要考虑到通过乘客收取费用,同时还考虑以下三方面因素。

(1) 费用的合理性。为取得最大的社会效益和保证合理的运营收入,系统所收取的费用和所提供的服务必须对乘客具有足够的吸引力,而费用是否合理将是其是否具有足够吸引力的一个具有决定意义的因素。

(2) 乘客的方便性。在大、中运量的轨道交通系统中,采取封闭式的收费系统将成为主要趋势。乘客在进入和离开系统时要通过收费系统的检查,因此,能否将乘客在这个过程中所消耗的时间降到最低,将成为影响整个交通系统对乘客吸引力大小的一个重要因素。

(3) 系统的可靠性。因为系统收费过程是自动化的,所以系统及其设备的运作必须具有很高的可靠性和极低的故障率,以保证对乘客的服务水平。

系统收费的管理方式有以下两种形式。

（1）在轨道交通形成网络之前，各条线路之间的换乘点少，系统收费的计算主要是以线路走廊为基础，按照距离来收费。

（2）轨道交通线网形成一定规模后，各条线路间的换乘点增多，系统覆盖面从点发展成片，此时的系统就可考虑以区域划分的收费方式为主。

区域、区段组合式价格表将区域和区段两种方式有机结合起来，既能适应市中心区域路网密度高、不利于区段的情况，又能满足城市外围路网分散、无法利用区域的情况。因此，建议南宁市线网采用区域、区段组合方式的价格表作为未来轨道交通线网的基本价格表。由于区域式价格表在单独的线路中使用，其效果相当于区段式价格表。票价关系如图 8-8 所示。

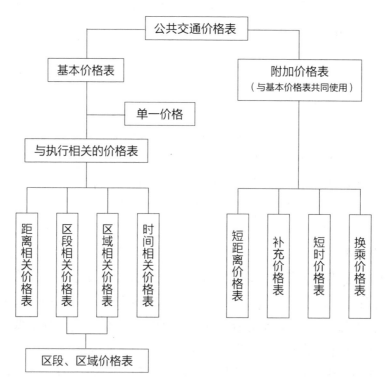

图 8-8　票价关系

轨道交通收费存在相当的独立性，但作为城市公共交通的一部分，应在收费方面与其他交通方式协调配合，为乘客提供更多的方便，以提高系统服务水平。目前，北京、上海、广州等城市已经开始使用一卡通的收费方式。

5. 组织机构

轨道交通系统建成后，通常由企业化的轨道交通公司来经营管理。我国轨道交通行业已有的组织机构形式一般有两种：一种为三级管理形式，即总公司、专业公司、车站（停车场）；另一种是二级管理形式，即专业公司、车站（停车场）。南宁市轨道交通线网形成后，交由南宁轨道交通有限公司管理。运营管理采用不同部门及专业根据各自特点采取不同的组织方式的模式，交由运营部门运营管理。

第六节　城市轨道交通沿线环境与景观保护规划

一、城市轨道交通建设对城市环境和景观的影响

城市轨道交通建设能够显著提高整个城市公共交通系统的运营速度，而且对解决机动车尾气污染、改善大气环境质量有十分积极的作用。同时，快速轨道的建设也有利于改善城市景观。但是，快速轨道建设对城市的环境和景观也有一定的负面影响，主要表现为运营时产生的噪声、振动、电磁辐射、废水和废气等对城市环境的影响，以及项目建设期间对城市生态环境的影响。景观影响主要为轨道交通地面高架对城市自然景观和城市建筑物空间景观的影响，地下设置时其出入口和风亭的设置对城市景观的影响等。

关于轨道与城市景观的协调问题，随着建筑设计手法和设计理念的改进有了很大提高。而轨道的加入又对整个空间的环境设计提出了更高的要求，单纯依靠轨道方面做环境设计，显然达不到效果。必须在规划上创造条件，将轨道与城市环境融为一体，使轨道建筑成为城市环境中

的有机组成部分。

二、城市轨道沿线环境和景观保护规划原则

轨道建设应符合南宁市城市总体规划对城市环境和景观的规划要求。轨道交通建设应以不破坏沿线城市生态环境、城市景观为原则,其线网建设和建筑物建设应与周围城市环境及城市景观相协调或相结合建设。

线路敷设,在城市中心区建筑密度大的地区,应尽量选择地下线,在其他地区选用地上线时必须处理好对城市景观和环境影响的问题。线路敷设的位置,应尽量选择在道路红线以内,减少或避免对道路两侧建筑物的干扰。地上线应选择道路红线较宽的街道敷设,其中高架线要求道路红线宽度一般不小于 50 m,地面线要求道路红线宽度至少为 60 m。

车场的选址应尽量远离城市建成区,城市环境敏感区(如城市水源保护区、城市风景名胜区等)。车场的内部布局应将产生较大噪声和震动的设备集中布置于远离线路两侧和环境敏感点处,同时采取必要防噪减震措施,以避免对环境造成不良影响。

出入口和通风口等设施的建设,应尽量与沿线建筑物结合布置,建设形式应与其周围建(构)筑物,特别是文物、标志性建筑等相协调。其中,若通风口与建筑物相互干扰应严格按照国家规范进行控制。

三、轨道沿线环境的保护规划

(一)轨道交通沿线主要环境影响因素

1. 噪声

轨道列车高速行驶的轮轨之间的摩擦和撞击,列车及其设备的运转,隧道中高速气流的活塞风,车辆段维修车间的机械运转和维修施工,所有这些都将产生一定程度的噪声。列车在隧道中运行所产生的噪声经过隧道的阻隔和地层的吸收,一般只影响地下车站站台,对地面环境不会产生影响。但是,列车在地面段的运行和车辆段的噪声将对沿线和周围环境产生影响。

2. 振动

轨道交通无论是采用地上线还是地下线，当列车高速行驶时，轮轨之间的撞击和颤动都将引起轨道的振动并传至地面从而对沿线建（构）筑物产生影响。

3. 电磁辐射

轨道运营期主要的电磁辐射源是电气铁道的电力线场、电气设备、电气铁道的点火系统，电机和整流装置的弧光放电所产生的辐射源，以及系统无线电通信设备所产生的辐射，这些都将对沿线的电台和通信设备产生影响。

4. 废水、废气

轨道运营期的废水和污水污染包括线路内部和车辆段两部分。线路内部的废水主要有地下渗漏水、空调器冷却水、冲洗地板水、出入口流入的雨水和职工用水。车辆段废水主要包括维修车间的生产废水、洗车水、雨水和职工生活污水。废气对沿线的环境影响主要是列车的运行和人流产生的二氧化碳和粉尘对外部环境的影响。

（二）轨道交通沿线环境保护规划要点

1. 对噪声、振动、电磁辐射环境影响的保护意见

目前，我国尚未制定地下铁道噪声标准和振动标准，只能参照国家类似标准，一般采用《声环境质量标准》（GB 3039—2008）和《城市区域环境振动标准》（GB 10070—1988）中"交通干线两侧"噪声和振动标准。轨道运营期地面段噪声与振动的影响通过采取控制措施，在离轨道外侧一定距离，可达到上述国标要求。据实际测试，轨道两侧 30 m 范围噪声可降到 70 dB，其中树林对噪声的吸收效果很好。地下段产生的振动对有良好基础的框架结构建筑基本无影响，其影响主要是对人体感觉的影响。地下段的噪声对地面环境影响很小，仅仅表现为通风系统风亭噪声对相邻敏感区的影响。

一般采取的防护措施主要包括：第一，对列车及轨道采用减振降噪

措施，尽可能降低噪声量和振动量；第二，在城市人口和建筑密集区主要采用地下线，采用地上线时应在沿线两侧设置隔声屏障，如采取隔声墙、土堤、植树等防护措施，对沿线建筑的建设应有一定的防振要求；第三，电磁辐射对沿线环境的影响主要是对电台和通信设备来说的，应根据电磁辐射对沿线敏感区域或敏感对象的影响程度和范围，采取一定的防护措施。

2.对废水、废气环境影响的保护规划要点

废水污染主要有线路内部污水和车辆段与车站污水，线路内部污水主要是冲洗用水、雨水以及生活污水，一般可以直接排进市政下水系统。车辆段和车站废水主要有生产废水、洗车废水以及生活废水，生产废水和洗车废水须经系统处理后排入市政下水管道。废气对沿线环境的污染主要是地下乘客呼出的二氧化碳和车辆运行溅起的灰尘通过通风设备的排风系统给地面大气环境带来污染，以及列车运行产生的金属粉尘等。防治废弃污染可以在风亭周围种植吸收二氧化碳等废气能力强的植物，以减少对大气环境的污染。

四、轨道沿线景观保护规划

（一）地下线对沿线景观的影响和保护规划要点

轨道交通建设采用地下线的形式时，其对景观的影响为对地下文物的影响和地铁出入口及通风口对周围景观的影响。因此，地下线建设时应尽可能避开地下文物，不能避开时应会同文物部门做好保护措施。出入口宜与沿线建筑物结合设置，通风口的设置应不破坏地面现有景观。

（二）地上线对沿线景观的影响和规划意见

地上线主要包括地面线和高架线两种形式，地上线应选择道路红线较宽的道路敷设。地面线沿线两侧通过植树、植草等方式与周围建（构）筑物形成一定的隔离地带。高架线与两侧建（构）物应有一定的退缩空间，高架线的建设形式宜轻巧、明快，有一定的空透度，尤其是保证足够的高度，与周围建筑形成一定的比例和尺度。地上线经过景观风貌区时，其建设应满足各风貌区的景观保护要求。

（三）车场建设对城市景观的影响及规划意见

车场是轨道交通系统中承担车辆检修、停放、运用以及各种运营设备保养维修的重要基地。车场占地面积比较大，选址时应避开设置于城市景观风貌区和人口密集区。建设时应合理布局，采取适当的防护措施（立体绿化、建筑造型和色彩协调），减少对周围自然景观的破坏。

参考文献

［1］中国城市轨道交通发展报告项目组.中国城市轨道交通发展报告［M］.北京：北京交通大学出版社，2014.

［2］张晓莉.城市轨道交通发展模式研究［M］.北京：中国铁道出版社，2010.

［3］毛保华.城市轨道交通规划与设计［M］.北京：人民交通出版社，2011.

［4］朱顺应，郭志勇.城市轨道交通规划与管理［M］.南京：东南大学出版社，2008.

［5］沈丽萍.城市轨道交通系统规划［M］.成都：西南交通大学出版社，2013.

［6］易思蓉.城市轨道交通线路规划与设计［M］.北京：科学出版社，2013.

［7］何静，司宝华，陈颖雪.城市轨道交通线路与站场设计［M］.北京：中国铁道出版社，2010.

［8］占玉林，徐腾飞，姚昌荣.城市轨道交通高架桥设计与施工［M］.北京：科学出版社，2015.

［9］阎国强，仇海兵.城市轨道交通概论［M］.北京：人民交通出版社，2010.

［10］许红.城市轨道交通规划与设计［M］.北京：北京交通大学出版社，2012.

［11］王明年，于丽，刘大刚，等.城市轨道交通地下车站设计与施工［M］.北京：科学出版社，2014.

［12］石萍，荆涛.城市轨道交通概论［M］.北京：中央广播电视大学出版社，2012.

［13］甘越帆.浅论南宁市轨道交通的建设［J］.经济与社会发展，2007，5（1）：105-108.

［14］袁江.南宁市轨道交通线网规划分析研究［J］.现代城市轨道交通，2017（12）：1-4.

［15］周嗣恩，盖春英，郑猛，等.发展轨道城市的功能区轨道交通规划特征研究［J］.北京规划建设，2017（03）：107-110.

［16］孔令斌.新世纪前10年城市交通规划发展回顾［J］.城市交通，2010，8（02）：1-12.

［17］刘书斌，吴赞阳.二线城市轨道交通发展浅思［J］.都市快轨交通，2016，29（02）：100-103.

［18］高明明，杨建军.新形势下城际轨道交通规划工作的建议［J］.综合运输，2014（01）：62-65.

［19］杜几平，郑居亮.城市轨道交通现状与展望［J］.硅谷，2014，7（06）：4+3.

［20］王仕春.城市轨道交通规划选线存在问题及建议［J］.铁道工程学报，2011，28（06）：76-80.

［21］顾岷.我国城市轨道交通发展现状与展望［J］.中国铁路，2011（10）：53-56.

［22］杨永平，边颜东，周晓勤，等.我国城市轨道交通存在的主要问题及发展对策［J］.城市轨道交通研究，2013，16（10）：1-6.

［23］陶志祥.城市轨道交通线路设计发展方向的思考［J］.铁道运输与经济，2012，34（12）：70-74.

［24］王轲，池利兵.城市轨道交通线网规划范围和年限的探讨［J］.城市轨道交通研究，2010，13（06）：20-23.

［25］杜胜品，孔建益，熊玲.城市轨道交通线网规划方案评价指标体系研究［J］.武汉理工大学学报（交通科学与工程版），2003（06）：841-844.

[26] 张国华. 城市轨道交通线网规划新视角［J］. 都市快轨交通, 2014, 27（02）: 21-25.

[27] 杲晓锋, 董伟力, 胡旭, 等. 城市轨道交通线网规划研究［J］. 铁道运输与经济, 2014, 36（07）: 78-83.

[28] 沈景炎. 城市轨道交通线网规划与客流预测［J］. 都市快轨交通, 2007（01）: 2-6.

[29] 朱卫国. 城市轨道交通线网规划面临的问题及对策［J］. 都市快轨交通, 2012, 25（04）: 1-5.

[30] 周敏, 徐成永. 当前城市轨道交通线网规划技术刍议［J］. 都市快轨交通, 2015, 28（06）: 45-48+54.

[31] 刘鸽, 李赟. 城市轨道交通线网规划中的岩土工程研究［J］. 美与时代（城市版）, 2018（02）: 56-57.

[32] 徐成永. 城市轨道交通线网用地规划与控制［J］. 都市快轨交通, 2005（06）: 5-8.

[33] 郭娟, 刘雪锋. 城市轨道交通客流预测分析［J］. 山西科技, 2017, 32（01）: 147-150.

[34] 王虎, 毛琳. 城市轨道交通规划与城市发展的互动作用［J］. 城市建设理论研究（电子版）, 2017（09）: 272+267.

[35] 施仲衡, 王兆荣, 陈必壮, 等. 城市轨道交通客流预测专家点评［J］. 城市交通, 2009（01）: 45-50+95.

[36] 王艳荣. 城市轨道交通线网规划方案评价方法及应用研究［D］. 北京: 北京交通大学, 2013.

[37] 王海强. 城市轨道交通线网规划理论与方法研究［D］. 成都: 西南交通大学, 2004.

[38] 张妲. 长沙城市轨道交通线网规划研究［D］. 长沙: 湖南大学, 2006.

[39] 罗小强. 城市轨道交通线网布局规划理论与方法研究［D］. 西安: 长安大学, 2010.

[40] 王慧晶,王芹芹.城市轨道交通线网规划方案综合决策[J].铁道运输与经济,2016,38(11):93-98.

[41] 顾保南,郭长弓.上海城市轨道交通线网规划的问题及对策[J].城市轨道交通研究,2010,13(10):4-9+52.

[42] 沈景炎.城市轨道交通线网总体规划的研究与评价[J].地铁与轻轨,2003(05):1-7.

[43] 赵强.城市轨道交通线路敷设方式研究[J].铁道工程学报,2016,33(02):102-105.

[44] 邱国涛.浅析城市轨道交通消防安全问题及对策[J].中国应急救援,2016(02):15-19.

[45] 林嘉.城市轨道交通车站一体化设计[J].铁道勘察,2016,42(03):83-85.

[46] 汪方震.关于城市轨道交通线路设计方法与发展方向的探讨[J].建材与装饰,2016(21):252-253.

[47] 陈晓鹏.城市轨道交通消防安全隐患分析及对策[J].消防界(电子版),2016(08):71.

[48] 张辉.轨道交通车站通风空调系统施工研究[J].工程建设与设计,2017(03):79-83.

[49] 樊济浩,刘智清.城市轨道交通消防系统刍议[J].山东工业技术,2017(05):106.

[50] 盛博龙.城市轨道交通消防安全隐患分析及对策[J].江西建材,2017(13):163+167.

[51] 崔凯.城市轨道交通线路设计之浅见[J].黑龙江科技信息,2017(15):205.

[52] 李敏.城市轨道交通中消防报警系统联网技术探析[J].消防界(电子版),2017(05):13+69.

[53] 杨宏金.论城市轨道交通消防安全管理[J].四川建材,2017,43(08):194-195.

[54] 黄亮亮.轨道交通车站通风空调系统"风—水"联调分析与应用[J].中国市政工程,2017(04):67-69+110-111.

[55] 赵进,刘亮,吴刚,等.城市轨道交通高架车站变形缝设置的探讨[J].现代城市轨道交通,2014(02):33-38.

[56] 林涌,邹艳华,文源,等.城市轨道交通消防安全管理探讨[J].科技传播,2014,6(06):64-65.

[57] 徐振廷.城市轨道交通线路设计发展方向探讨[J].交通科技,2014(04):121-123+160.

[58] 王亮.城市轨道交通线路敷设方式及影响因素的分析[J].水运工程,2009(05):21-24.

[59] 汪时中.城市轨道交通线路设计需要把握的若干问题[J].地下工程与隧道,2009(02):5-8+52.

[60] 陈剑伟.城市轨道交通线路设计方法[J].铁道工程学报,2013(10):96-99+119.

[61] 覃旭.浅析城市轨道交通消防系统[J].科技与企业,2014(04):77.

[62] 刘轲.城市轨道交通线路设计研究[J].山西建筑,2015,41(03):143-144.

[63] 李凯伦.城市轨道交通线路敷设方式比较[J].中国公路,2015(03):132-133.

[64] 陈明磊,刘伟.城市轨道交通车站外导向标志设计研究[J].都市快轨交通,2015,28(05):50-52.

[65] 李旻昊.浅析城市轨道交通换乘枢纽[J].山西建筑,2008(34):300-301.

[66] 刘阳.轨道交通车站建筑综合设计模式探索[J].都市快轨交通,2008(03):55-58.

[67] 魏金丽,梁平,阎岩,等.城市轨道交通站点布局优化研究[J].青岛理工大学学报,2008(04):88-93.

[68] 张鹏.城市轨道交通站点布局优化研究［D］.兰州：兰州交通大学，2013.

[69] 孙守平.城市轨道交通站点布局规划研究［D］.成都：西南交通大学，2016.

[70] 王宏亮.城市轨道交通站点布局研究［D］.成都：西南交通大学，2012.

[71] 邱云舟,李颖慧,欧阳长城.城市轨道交通线网线路敷设方式研究[J].城市轨道交通研究，2006（07）：40-43.

[72] 赵毓成,李文会.城市轨道交通高架车站结构形式分类及适用研究[J].铁道标准设计，2013（01）：85-89.

[73] 赵晟宇,阮如舫.城市轨道交通车站公共空间景观设计［J］.城市轨道交通研究，2013,16（03）：25-29.

[74] 张琦.城际轨道交通敷设方式研究[J].科技创业月刊,2013,26(06)：166-167.

[75] 邓勇.城市轨道交通高架车站结构设计研究［J］.现代城市轨道交通，2012（01）：26-28+32.

[76] 邢家勇,王琳.轨道交通枢纽消防安全设计研究［J］.建筑技术，2012,43（02）：128-130.

[77] 温宇平,高日,刘智敏.城市轨道交通高架车站结构研究[J].铁道建筑，2000（03）：12-14.

[78] 周游.地铁消防安全存在的问题与管理对策分析[J].消防界(电子版),2017（12）：105-106.

[79] 张铭.规划城市轨道交通换乘站时考虑的几个问题［J］.交通标准化，2011（01）：33-35.

[80] 李国庆.城市轨道交通通风空调系统的现状及发展趋势［J］.暖通空调，2011,41（06）：1-6.

[81] 梁展凡,李东平,张平.南宁市"公交都市"建设策略与方案探讨[J].规划师，2015,31（10）：106-114.

［82］周英虎.南宁市社会经济发展现状分析［J］.南宁职业技术学院学报，2016，21（02）：39-42.

［83］梁颢蓝.轨道交通工程：构想南宁人的轻轨生活［J］.广西城镇建设，2013（02）：52-57.

［84］李国庆.城市轨道交通通风空调系统技术发展新趋势［J］.都市快轨交通，2004（06）：5-7.

［85］纪雪艳.城市轨道交通换乘站综合评价研究［D］.北京：北京交通大学，2009.

［86］隋晓波.城市轨道交通换乘站设施协调研究［D］.北京：北京交通大学，2008.

［87］朱旭.城市轨道交通换乘站客流预测方法研究［D］.西安：长安大学，2012.

［88］张志亚.南宁市城市轨道交通线网规划研究［J］.甘肃科技，2009，25（10）：93-96.

［89］廖世强.加快南宁市城市轨道交通建设的思考［J］.中共南宁市委党校学报，2013，15（06）：33-37.

［90］南宁市城市轨道交通管理条例［N］.南宁日报，2016-01-29（009）.

［91］梁佳佳.南宁建设城市轨道交通必要且迫切［N］.法治快报，2009-01-08（001）.

［92］黄敏.南宁市城市交通综合治理实践探析［J］.西部交通科技，2015（08）：103-108.

［93］李蕙成.南宁城市交通发展历程浅析［J］.建设科技，2016（06）：58-59.

［94］何壮彬，钟俊信，宿贵斌.南宁市城市道路建设的影响因素分析［J］.西部交通科技，2013（08）：30-33.

［95］周杰.南宁市城市交通与城市土地利用协调发展初探［J］.技术与市场，2017，24（03）：180-181.

［96］南宁城市轨道交通建设获国家立项［N］.广西日报，2010-07-13（002）.